……が教える
ロードバイクトレーニング

日東書院

410
401
MSJ

1章　働きながら速くなる

仕事を持ちながらトレーニングに励むホビーレーサーたち。
最大の課題は、短い時間で効率的に速くなることだ。
限られた時間の中で速くなるためには、どうすればいいのだろうか？

2章　速い身体を作る

人間という「エンジン」の性能は、パワーメーターだけでは計れない。
身体の使い方を洗練させ、回復のための工夫を怠らなければ、
歳を重ねてもさらに速くなれる。

Kabuto
401
ROPPONGI EXPRESS
401

3章　速くなるための積み重ね

ロードレースはパワー勝負ではない。
速く走るための細かなスキルの積み重ねが、
大きな差となって現れる。

4章　ホビーレーサーとして走る

ロードレースは、一般に思われている以上に
複雑な魅力を持った競技だ。
ホビーレーサーとして走ることは、プロにならなくても、
その楽しみに触れる権利を手に入れることでもある。

はじめに

ホビーレーサーをめぐる環境が大きく変化しています。軽くて剛性が高く空力もよいロードバイクやパワーメーターの普及により、機材やトレーニングは格段の進歩を遂げました。

ロードレースが科学的になったと言ってもいいでしょう。性能やライダーのパフォーマンスを数値化することが増えました。僕がロードレースをはじめたころとは大変な違いです。

しかし逆説的なことに、パワーメーターが普及したことで、むしろ数値に現れないものの重要性も見えてきました。ロードレーサーの「速さ」はパワーだけでは決まらないことがはっきりしたのです。

数値に現れないものとは、走りの「質」です。パワーやトレーニング時間は量ですが、量とは別に質の違いがあるのです。それがはっきり見えてきたのが最近のトレーニング事情だとも言えるでしょう。

このことは、時間がないホビーレーサーにとっては朗報です。トレーニング時間が短くても質を上げれば速くなれることを意味しているからです。

したがって本書では、働きながら走るホビーレーサー向きに見落とされがちな走りの質を上げることを意識しつつトレーニングを解説しています。

言葉では伝えにくい走りの質ですが、そのイメージが皆さんに届けば幸いです。

高岡亮寛

目次

1章　働きながら速くなる

2章　速い身体を作る

3章　速くなるための積み重ね

4章　ホビーレーサーとして走る

401
MSJ

一

忙しくても、速くなれる

～プロローグ～

40歳過ぎのピーク

僕がはじめてロードレースに出たのは、高校一年生のころ。「パナソニックカップ」の高校生の部だったと記憶しています。順位はたしか、20番台だったでしょうか。

あれから四半世紀近くの時が経ちました。

社会人になってから数年のブランクはありましたが、41歳になった僕は今でも、働きながらレースに参戦する「ホビーレーサー」としてロードレースを走り続けています。ホビーレーサーのトップを決める「ツール・ド・おきなわ」の市民210㎞でも、5回勝つことができました。

通常、40代は体力が衰えてくる年代とされています。アスリートならなおさらでしょう。

また、ホビーレーサーの場合、仕事が忙しいと不利だと言われています。トレーニングの時間が確保できないからです。

これらの観点からすると、僕は有利とは言い難い立場にいます。年齢はとうに40歳を過ぎ、また、外資系金融機関での仕事はあいかわらず忙しいままです。朝に会社に到着すると、帰宅が何時になるかは夜になるまでわかりません。会社を出られるのが22時を回ることも珍しくありません。

しかし僕は今でも、少しずつですが強くなれていると感じています。

ツール・ド・おきなわでは2015年、2016年、2017年と3連覇できました。一番仕事が忙しかった時期です。また、2017年にはグランフォンド世界選手権の40歳代カテゴリーで2位と、アジア人ではじめて表彰台に上れました。1998年に、通っていた慶應大学を休学して挑んだU23の世界選以来の海外のレースでした。レースやトレーニングにストレスを感じることも減りました。今は楽しみながらトレーニングができています。

なぜ、この歳になっても強くなれているのか？

……それは、トレーニングや走りの「質」が高まっているからです。

トレーニングの量は学生時代よりもずっと減り、パワーは横ばい、体力は少しずつ落ちていますが、走りの「質」が上がったことで全体としては強くなれているということです。

まとめ　走りの「質」を上げることで進化し続けることができる

無理をやめてトレーニングの質を上げる

高校生ではじめてレースに出た僕は、就職後の数年間のブランクを挟み、もう30年近くロードレースと付き合ってきました。その間、調子がいいときもあれば悪いときもありましたが、レースとトレーニングの経験はずっと積み重ねることができました。

その結果、トレーニングの質が高まってきたのです。

若いころは、がむしゃらにトレーニングをしてきました。大学時代は世界選のために休学し、まるまる1年間をトレーニングに充てたこともあります。30代半ばまでは、重要なレースの前は4、5時間睡眠でトレーニングに打ち込んだ時期もありました。

しかし、今の僕はそこまでの無理はしていません。代わりに、質が高い走りを心掛けるようになりました。

今の僕は厳密なトレーニングプランを立てず、直感に従ってトレーニング内容を決めていますが、その直感の精度が明らかに高まっています。10年前より5年前のほうが、そして5年前より今のほうが、トレーニングの効率は上がっています。

具体的にどんなメニューをやるかは、前夜に決めます。「そうだ、明日はあれをやろう」と頭に浮かんだメニューをします。**また、僕はパワーメーターを使っていますが、メニューの最中には見ません**。終わった後に「どのくらいのパワーが出ていたかな」と確認するだけです。

とても科学的とは言えない方法ですが、結果的に、質が高く、効率的なトレーニングができています。

というのも、一見すると直感に従って行動しているだけのようですが、長年のトレーニングやレースから導き出した方法だからです。厳密なトレーニングプランを立てないのも、メニューの最中にパワーメーターを見ないのも、後にご説明しますが、きちんとした理由があります。

本書では、仕事が忙しくても、歳を重ねてもできる、質が高いトレーニングの方法をお伝えします。

まとめ トレーニングの積み重ねで直感の精度が高まった

「仕事が忙しい」は理由にはならない

トレーニングの質を上げることは、仕事とトレーニングを両立させなければいけないホビーレーサーにとってはとくに重要です。

働きながら走るホビーレーサーの最大の悩みは、おそらく仕事でしょう。「**仕事が忙しくて……**」というセリフはホビーレーサーがたびたび口にします。

このセリフの裏には「**たくさん時間があれば、もっと強くなれるはずだ**」という前提が隠されています。

しかし、仮に僕が仕事を辞めてすべての時間を自転車のために使ったとしても、今以上に強くなることはないでしょう。トレーニング時間が多すぎると、20代のころならともかく、40代の今の僕の体は壊れる方向に向かうと思います。

仕事によってトレーニング時間が限られるのは、決して悪いことではありません。かえって集中力が増し、トレーニングの質が上がることさえあるでしょう。

みなさんは、丸々1日を自転車に費やせるなら、たくさんトレーニングができてどんどん速くなるだろうと考えるかもしれません。しかし働いている人が自転車に使える時間は、平日なら1時間程度が限界です。

1日4時間自転車に乗れる人と1日1時間しか乗れない人がいたとします。後者は前者の4分の1しかトレーニングできないと言っていいのでしょうか？

違います。

トレーニングの量はトレーニングの質とは別だからです。

まとめ　トレーニングの量はトレーニングの質とは別の概念

忙しくても、速くなれる

トレーニングの効果は、トレーニングの質×量で決まると言っていいでしょう。

質の低いトレーニングを大量に行うのと、時間は短いけれど質が高いトレーニングを行うのとでは、トレーニングの効果は近くなります。

1日1時間しか確保できなくても、集中すればかなり追い込んで質の高いトレーニングができるはずです。しかし4時間や5時間を自転車に使えても、1時間だけ乗る場合のように集中し続けるのは難しいでしょう。

ですから、僕はトレーニング時間が確保しにくいことを言い訳にしようとは思いません。**工夫をすれば忙しいなかでも質の高いトレーニングを行うことは可能だからです**。忙しいなら、忙しい人に向いたトレーニングをすればいいのです。

たとえば、仕事が忙しくて練習量が減っても「最近は乗れていないな」と落ち込む必要はありません。**練習量が少ないとトレーニングによる疲労も少ない状態になりますから、疲労している状態ではできない、高強度のメニューを行うチャンスです**。短時間で極めて密度の濃いトレーニングができるでしょう。

もちろん、時間があるならば、時間がある時期に向いたトレーニングをすればいいのです。LSD（ロング・スロー・ディスタンス）のように時間がなければできないトレーニングもあります。時間があっても、なくても、速くなるための積み重ねはできるということです。

なによりもトレーニング量の多さは自信につながるはずです。ただし、「こんなにたくさん練習したんだぞ」という「量」についての自信には、トレーニングに「質」があることを忘れさせてしまうリスクもあります。

まとめ　トレーニング時間が確保できなくても、適したトレーニング方法はある

最大心拍数で質をチェックする

トレーニングの質とは、「自分に必要なことができているかどうか」です。自分に不要なトレーニングをいくら積み重ねても強くはなれません。

たとえば、強度を上げたトレーニングをしたいとき、僕がトレーニングの質の指標にしているのは最大心拍数です。**走り終えた後にデータを見て、最大心拍数をチェックします**。その数値が高いということは追い込めたということなので、質が高かったと言っても間違いないでしょう。

ところが、練習量が増えると疲労によって最大心拍数が上がらなくなります。もちろん疲労した状態でのインターバルトレーニングにも意味はありますが、高強度メニューを行いたい場合は疲労が抜けている必要があります。漫然と乗りこんでいるだけでは、1分走などレースを左右する高強度の力が伸びません。
これは、量と質が違うことを示すわかりやすい例の一つです。

まとめ　トレーニング量を増やすと質が下がる場合がある

時間がないならトレーニングの質を上げる

ただし、必ずしも質＝強度というわけではありません。低強度のトレーニングには低強度のトレーニングにしかない効果がありますし、そもそも質には強度以外の要素も多いのです。

ツール・ド・おきなわや全日本選手権など距離が長いレースの前には中程度の強度で距離を走り込む必要がありますし、ヒルクライムレースの前にはヒルクライムを意識したトレーニングをしなければいけません。

トレーニングには他にも、筋トレや走行スキルアップのためのメニューもあります。どんなトレーニングをすべきかは、自分のコンディションや狙うレースも考慮しなければいけないでしょう。だから、「自分に必要なトレーニング」＝「質の高いトレーニング」を見極めるのは簡単ではありません。

優秀な選手には、無意識のうちに質の高いトレーニングを行えるセンスがあるのだと思います。

今はパワーメーターやトレーニング解析ソフトの普及によって、走りの「量」は見えやすくなりました。しかしその陰で、走りの「質」はむしろ見えにくくなってしまったかもしれません。

トレーニング時間が限られ、年齢も40歳を超えた僕が結果を出せているのは、走りの質がいいからかもしれません。ロードレースとは、走りの量だけではなく、質をも競う競技なのです。
そこで本書では、質のよい走りを身に付けるためのヒントを探していきます。

まとめ **トレーニングの質は数値にするのが難しい**

一 1章 働きながら速くなる

ホビーレーサーは与えられた条件の中でベストを尽くす

ホビーレーサーにとって、計画的にトレーニングをすることは難しいのではないでしょうか。

少なくとも僕はそうです。

なぜなら、どのくらいトレーニングの時間がとれるかは直前になるまで読めないためです。仕事が忙しい時期は朝から夜遅くまで会社にいなければならず、しかも帰宅時間も当日にならなければわかりません。月単位にせよ、週単位にせよ、そんな状況で厳密なトレーニングプランを立てるのは不可能です。

これは僕の場合ですが、他のホビーレーサーも似たり寄ったりではないでしょうか？ツール・ド・おきなわで先頭集団に残るような強豪選手も、日々の仕事が激務である方は少なくないようです。

例外を除いて、普通のサラリーマンは仕事量や働き方をコントロールできません。ということは、仮に理想的なフィジカルトレーニングのプランやメニューが与えられたとしても、実行できない可能性が高いということです。

ホビーレーサーは、与えられた条件の中でベストを尽くすしかないのです。ですが、そのことは決して悪い話ではありません。

まとめ　働きながら計画的にトレーニングをするのは難しい

もっとも忙しい時期におきなわを3連覇した

仕事が忙しく、トレーニング時間が取れないことを嘆くホビーレーサーを多く見かけます。

その裏には**「忙しさとパフォーマンスは反比例する」という暗黙の前提**があります。そもそも、この前提は正しいのでしょうか?

僕の場合、正しくありません。

ツール・ド・おきなわを3連覇できた2015年・2016年・2017年はいずれも非常に忙しい年でした。とくに2015年と16年は激務が続いた年でしたが、レースはどちらも独走で勝っています。

忙しさとパフォーマンスは別物です。忙しいから速くなるというものではないと思いますが、同様に忙しいから遅くなるとも限りません。

その理由の一つは、前述のように、忙しい時期には忙しい時期なりのトレーニング方法があるからです。時間に余裕がある時期のトレーニングと忙しい時期のトレーニングは違います。

どちらがよい・悪いというのではなく、仕事の忙しさという与えられた条件に応じて、トレーニング方法を変えればいいのです。

まとめ 仕事が忙しくてもパフォーマンスが落ちるとは限らない

時期によってトレーニングのテーマを変える

仕事の忙しさに波があるのは悪いことではありません。トレーニング内容を変えることになるのでマンネリ化を防げるのです。

マンネリ化はトレーニングの大きな敵です。モチベーションを下げる要因になるのは言うまでもありませんが、メンタルだけでなく、肉体も同じ刺激には「飽きてしまう」からです。

どんなに素晴らしいトレーニング内容を見つけたとしても、同じことだけを続けていては強くはなれません。必ず限界が来てしまうでしょう。

だから、たまにトレーニングの狙いを変えるのは重要です。時間が確保できる時期は乗り込みでベースを作り、忙しい時期はインターバルで高強度を伸ばすなど、テーマを変えるべきです。

僕のトレーニングも、春先はインターバルやスプリントを重点的に鍛え、その後はロードレースやヒルクライムを意識して走る……というように、時期によって内容が変わっています。

経済的な安定をもたらしてくれ、トレーニングのマンネリ化も防いでくれるのが仕事だととらえると、仕事のイメージも変わってくるのではないでしょうか。

僕がこの年齢でも成長できているのは、常に新しい試みをし、マンネリ化を防いでいるからではないでしょうか。同じことの繰り返しではすぐに頭打ちになります。

まとめ **定期的にトレーニングのテーマを変えるとマンネリを防ぎ、成長し続けられる**

夜が忙しいなら朝に乗る

雑誌などでしばしば書かれるように、トレーニングには正解がないと思います。ただし、この言葉にはいくつかの意味があります。

よく言われるのは、一人ひとり目標や体の状態が異なるので、全員にとってベストのトレーニングはない、ということ。確かにその通りでしょう。

しかし問題は個人差だけではありません。一人のホビーレーサーにとっても、「このトレーニングがベストだ」という意味での正解はないはずです。

長時間の乗り込みには乗り込みだけでしか得られない効果がありますし、高強度を強くしたいならインターバルが必要でしょう。あるいは同じメニューでも、疲れている状態で行う場合と疲労を抜いて行うのとでは、意味が変わります。

「これだけやればOK」というトレーニングはありませんが、逆に「これができないとダメ」というトレーニングもないはずです。

「仕事が忙しくて距離が乗れないから強くなれない」などと思い込む必要はありません。

忙しいなら忙しいなりのトレーニング方法があるように、やりようはいくらでもあります。

トレーニングは多様なはずです。視野が狭くならないよう注意しつつ、様々な形で、色々な内容のトレーニングを続けてください。

たとえば、効果だけを考えたら、トレーニングは朝イチよりも午後や夜に行うほうがいいはずです。僕が朝に弱いこともあるかもしれませんが、起き抜けは体がアクティブではなく、パワーもあまり出ません。

しかしそれでも僕が朝にトレーニングをしているのは、仕事の終わりが読めず、仕事後にトレーニング時間をとるのが簡単ではないからです。

夜のほうがいいことは分かっていますが、ライフスタイルとの兼合い上、朝しか乗れないなら、朝でもいいでしょう。妥協と言われるかもしれませんが、「○○が正解」と決めつけてしまうと、それが実行できなかったときに無駄なストレスが生まれてしまいます。

まとめ　トレーニング方法はライフスタイルとの兼合いで決まる

ホビーレーサーは不要なルールを作らない

そう、ホビーレーサーにとっては、ストレスを作らないことが非常に大切なのです。

ストレスは、思考に不要なルールを作ってしまうと発生します。

先ほどの例なら、「○○**さえやれば強くなれるはずだ**」と思い込んでしまうと、その考えは簡単に「○○**ができなければ強くなれないはずだ**」というルールに変化してしまいます。


しかし、それはストレスの元です。

ホビーレーサーは自転車以外にもいろいろなことをやらなければいけません。仕事はもちろんですが、家事もありますし、家族との時間も必要でしょう。子供に風邪をうつされるかもしれませんし、貴重な週末に予定していなかった用事が入るかもしれません。

「○○しなければ……」とルールを決めたとしても、実行できないことのほうが多いのではないでしょうか。

自分に課したルールを守れないと、ストレスが生まれます。「**○○できなかった自分はダメなやつだ、速くなれないんだ**」と。

でも、そんなことはないはずです。

強くなるための方法はたくさんあります。それに、ストレスを抱えてトレーニングをしてもモチベーションは上がりませんし、面白くありません。ホビーレースは趣味なのですから、楽しく走ることが第一です。

まとめ　不要なルールを作ると、守れなかったときにストレスになる

達成できない目標を立てない

そして、もっとも注意すべきストレスの元は、数値です。

「月に1500km走る」「（トレーニング量を表す）CTLが100を維持できるようト

レーニングする」など数値化した目標を立てる方は多いと思うのですが、要注意です。**目標を達成できなかった場合にストレスになるからです**。

もちろん数値化した目標を立てることでモチベーションが上がるならいいのですが、達成できなかった場合のことも考えておいたほうがいいのがホビーレーサーでしょう。

数値は諸刃の剣です。

トレーニングの正確な指標にもなりますが、ストレスにもなり得ます。ご自分が数値によって奮い立つタイプか、それとも達成できなかったときに落ち込むタイプか、よく考えてください。

また、数値には走りの質が現れないことも忘れてはなりません。数値が大きいことはよいことではありますが、「月１０００km」「ＣＴＬ１００」という数値だけでは、トレーニングの質は測れません。

今、サイクリストがいちばん気にしている数値は、言うまでもなくパワーでしょう。しかしパワーもまた、数値にすぎません。

モチベーションの源になり得ますが、同時にストレスになるかもしれないのです。目標は大切ですが、わざわざストレスを作るのはナンセンスです。

まとめ **数値化した目標は、達成できなかったときにストレスになる**

パワーではなく時間を指標にする

僕がトレーニングの最中にパワーメーターを見ないのも、不要なストレスを作らないためです。「320Wで10分」などとパワーを目標にしてしまうと、狙ったパワーが出ていない場合にストレスになるからです。

僕がパワーを確認するのは、トレーニングが終わった後です。どのくらいのパフォーマンスだったかを確認するためです。

では僕がいったい何を指標にトレーニングをしていたかというと、時間です。

最近の僕は、ローラー台では後述するトレーニングアプリ「Ｚｗｉｆｔ」の疑似レースを行うことが多いのですが、少し前までは「5分走」「1分走」など時間を基準にしたトレーニングをしていました。**パワーではありません。**

たとえば「20分走をやろう」と決めたら、少しウォーミングアップをした後に、20分間全力で走ります。そして終了後にパワーや心拍数を確認します。メニューの最中に気にするのは時間だけです。

このように、トレーニングメニューは、時間を基準にして作ることも可能です。

パワーメーターを導入したかなりの方

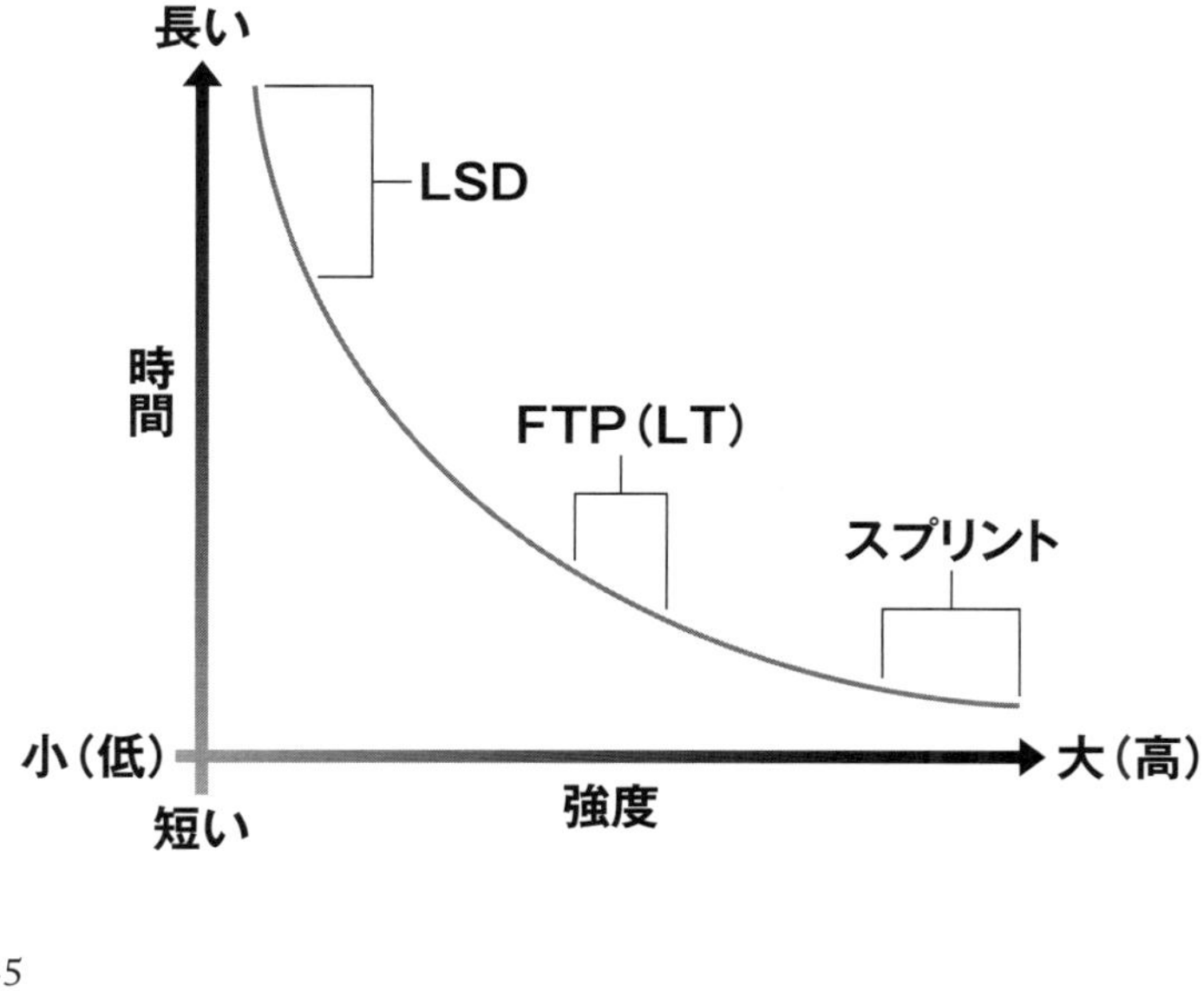

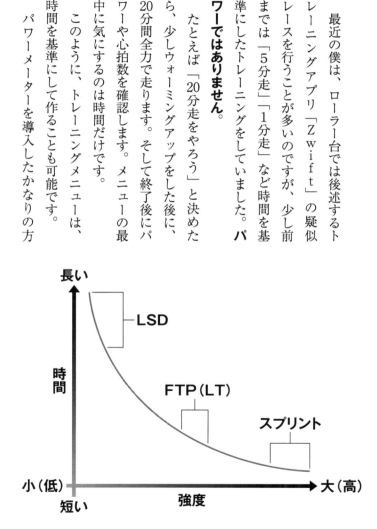

は、「〇〇Wで×分」などとパワーを基準にメニューを組み立てているはずです。さまざまなトレーニング理論も、パワーをトレーニング強度の指標にしています。

しかし、トレーニングの指標はパワーとかつて主流だった心拍数以外にももう一つあります。時間です。

パワー・心拍数・時間の3つの指標は、いずれもトレーニングをそれぞれ別の面から見たものにすぎません。

パワーと心拍数は指標としておなじみですが、時間は見落とされがちです。しかし時間は、強度と反比例する指標とみなすことができます。それは、強度が高くなるほど継続できる時間が短くなるということです。

もっとも高強度であるスプリントは、せいぜい10秒や20秒が限界です。しかしFTP（LT）まで強度を落せば1時間継続できますし、さらに強度が低いLSDなら5、6時間は続けることができるでしょう。パワーや心拍数ではなく、時間を基準にしてもメニューの強度分類は可能なのです。

まとめ　強度と反比例する「時間」もトレーニングの指標にできる

時間が指標ならば続けられる

さて、一昔前まで指標としてよく用いられた心拍数ですが、コンディションの変化を反映するまでにタイムラグがあることや体調の影響を受けることなどから、その地位をパワーメーターに譲りました。

しかし、心拍数もパワーも、目標とした数値を必ずしも達成できない点では共通しています。「350Wで5分走」「最大心拍数の85％で10分走」などとメニューを組んでも、コンディションが悪いと達成できないかもしれません。

すると自己嫌悪に陥りますし、トレーニングそのものが嫌になってしまうかもしれません。そんな状態では、質の高いトレーニングはできません。

しかし時間を指標にすると、メニューを完遂できないということはまずありません。「5分走」「20分走」などと目標を立てても、途中で自転車から降りてしまうことはまずないでしょう。**時間内を全力で走るだけです。**

ただ、時間内で出せるパワーや心拍数はコンディションによって変わります。20分走の平均パワーが330Wのこともあれば、300Wに届かないこともあるでしょう。いつも最後はパワーを上げて「尻上がり」に終えるように心がけていますが、調子が悪いとむしろ「尻下がり」になることもあります。

そういうコンディションを確認するために、メニューが終わってからパワーを見ます。つまり、**パワーは目標にするのではなく、振り返りの指標にするということです**。このパワーメーターの使い方なら、目標を達成できないことがないため、ストレスが生じにくいのです。

まとめ　時間を指標にしたメニューなら、必ず遂行できる

マンネリを防いで心身をフレッシュに保つ

心身ともに高いモチベーションでトレーニングに臨むためには、定期的にトレーニングのテーマを変えることも効果的です。

直感でメニューを決めている僕ですが、一年間のトレーニングを改めて振り返ると、ある時期は特定の領域を鍛えるトレーニングを集中的に行い、しばらく経つと別の種類のトレーニングを行い……と、**時期によってトレーニング内容に変化があることに気づきました。**

ある時期は長時間の乗り込みばかりやり、高強度メニューはあまり行っていませんでした。しかし別の時期は、集中的にインターバルやスプリントのトレーニングを行っています。

「○月は高強度を鍛えよう」などと意識的に計画を立てているのではありません。そうではなく、効果を感じたり楽しく走れている間は続け、飽きたら別のメニューに取り組む、というサイクルを繰り返しているのです。

この方法は感覚任せのようで、合理的であると考えています。

ご経験がないでしょうか。ロードバイクに限らず、**どんなトレーニングも、はじめたばかりの頃はぐんぐん伸びますが、やがて伸びは鈍るはずです**。マンネリ化し、心身が飽きてきた状態で同じトレーニング内容を続けてもモチベーションは上がらず、あまり効果は期待できません。

しかし、**新鮮に感じているうちは高いモチベーションで質が高いトレーニングができるはずです**。集中力も発揮されますし、高強度メニューでも十分に追い込めます。新しい発見もあるでしょう。

僕が時期によってトレーニング内容を変えてきたのは、心身のフレッシュさを維持し、質の高いトレーニングを維持することに繋がっています。

まとめ トレーニング内容を定期的に変えると、新鮮な感覚を維持できる

レースがトレーニングの質を上げる

いろいろなトレーニング方法が語られていますが、**最高のトレーニングがレースであることは疑いようがありません**。どんなトレーニングもレースには敵いません。

まず、レースではトレーニングでは難しい、極めて高い負荷を体にかけられます。レースのデータを振り返ると、トレーニングではとても難しい高い心拍数やパワーを維持できたことに驚くはずです。モチベーションが高まるからでしょう。

最近の僕は、平日のローラー台のトレーニングではトレーニングアプリ「Ｚｗｉｆｔ」でのレースを中心にしています。オンラインで海外のユーザーとつながり、パワーを元にゲームのようにレースができるのです。

Ｚｗｉｆｔのレースはごく短時間ではありますが、一人でのローラー台トレーニングでは難しい高いパワーが出ています。ゲーム性によってモチベーションを上げる効果の大きさがわかります。

また、レースでは一人のトレーニングでは難しいスキル面を鍛えることもできます。仮にフィジカルがまったく伸びなくても、レース経験を積み重ねることによるスキルアップの効果は計り知れないはずです。

それだけではありません。**レースは、トレーニングの質も上げてくれるのです**。レースが後に控えていたら、そのレースに向けて高いモチベーションでトレーニングができます。一か月後にヒルクライムレースがあったら、誰でも一生懸命ヒルクライムのトレーニングをするでしょう。

この意味でも、レースにエントリーする価値はあります。

まとめ　レースは最高のトレーニングであるばかりか、トレーニングの質を上げてもくれる

レースを軸にトレーニングプランを立てる

レースに向けてトレーニングするということは、自ずから**トレーニングにテーマが生まれる**ということでもあります。

クリテリウムの前にヒルクライムのトレーニングをする人はいません。クリテリウムが近いなら、クリテリウムで求められる短時間・高強度のインターバルトレーニングに力を入れるでしょう。

「速くなりたい」という気持ちだけでは漫然としたトレーニングになってしまいますが、「インターバルを鍛えたい」「平地の巡航速度を上げたい」などと**テーマが明確なら、集中して質の高いトレーニングができます**。

したがって、レースを利用して年間のトレーニングの流れを作ることも可能です。とくに、ホビーレーサーはエントリーするレースを自由に選べますから、レースは積極的に「利用」すべきです。

近年の僕は、冬場はクリテリウムレースを走り、クリテリウムのシーズンが終わったらロードレースにエントリーし、その次はヒルクライム……という具合に、時期によってエントリーするレースが変わります。

すると、日常のトレーニングもエントリーするレースを意識するようになりますから、冬場はクリテリウムで必要な短時間のパワーやスキルを磨き、その次はロードレースのスタミナとスキルを上達させ……と、時期によってテーマを設けることができます。

意識してエントリーするレースを変えているというよりは、時期によって多く開催されるレースの内容が変わるため、レースを軸にトレーニングをしていると、自然とトレーニングにテーマが生まれるのです。

こうやって2、3か月ごとにテーマを変えていくと、モチベーションを保ちながら死角のないトレーニングができます。

そして一通りのテーマを終えた後の6月には、集大成としての全日本選手権に挑みます。エントリーするレースを軸に年間のプランを立てるのです。

複数の異なる種目のトレーニングを行う「クロストレーニング」が有効だと言われることがありますが、僕は時期によってテーマを変えるこの方法を一種のクロストレーニングだととらえています。

まとめ　レースにエントリーするとトレーニングにテーマが生まれ、かつテーマが定期的に変化する

工夫で限界を超えるトレーニング

ロードレースという競技は、「きつさ」が一定ではないのが特徴です。これは、同じ有酸素運動であるマラソンとの大きな違いです。

レース中の大半の時間はそうきつくはありませんが、勝負所では一気に強度が上がります。そこで限界に達して千切れてしまうか、食らい付けるかが勝敗を分けるのです。

限界は、一度超えることができれば、次からは限界ではなくなります。レースの勝負所で、限界すれすれの状況を耐えしのぐことができれば、次のレースで同じような状況に陥っても何とかなるでしょう。その意味で、高強度のインターバルトレーニングなどの厳しいメニューは重要です。

しかし、耐えられる上限を引き上げるきついトレーニングは、一人で行うのは難しいものです。理屈上はパワーを基準にしてメニューを作れば限界に挑むトレーニングができるはずですが、実際はメンタルが追い付きません。

だから、強くなるためにはトレーニングにゲーム性を持たせたり、仲間とトレーニングをしたり、レースに出ることが不可欠なのです。

最近の平日のトレーニングではトレーニングアプリ「Ｚｗｉｆｔ」のオンラインレースに参加するのも、ゲーム性によってモチベーションを上げるためです。Ｚｗｉｆｔはローラー台をアプリと接続することで世界中の人々とレースができるのですが、競争をすることでモチベーションが上がるため、一人でのトレーニングではとても不可能な水準まで追い込むことができます。

まとめ **仲間とトレーニングをしたり、アプリを使うことでレースに近い状態まで追い込むことができる**

1週間のトレーニングにはアクセントをつける

僕は1週間のトレーニング内容についても、特に計画は立てていません。

しかし、まったく無計画というわけでもありません。

月曜日は軽く流すことが多いのですが、これは、週末はレースや長時間のトレーニングを行うので、疲労が残っているためです。

火曜日は出社前にチームの仲間と朝練をします。すると翌日の水曜日以降は、基本的に週末に向けての調整で、余裕があったらインターバルなどを行う……という感じになります。

つまり、**1週間の間に、「週末のレースまたはボリュームのある練習」と「火曜のチー**

ム練習」という2つのピークがあるので、それ以外の日は自動的にピークに向けた調整ということになります。**ピークを設けたおかげで、ほぼ自動的に週のプランが決まってくるということです。**

週の中にいくつかのピークを設けるこのやり方には、無計画にダラダラとトレーニングをしてしまうことを防ぎつつも仕事や体調に合わせてトレーニング内容を変えられる程度のフレキシブルさがありますから、ホビーレーサー向きかもしれません。

ピークの数は、必ずしも2つでなくても大丈夫です。たとえば火曜日と木曜日に仲間との朝練をし、週末にレースかロングライドを行うなら、週内のピークは3つにな

1週間のプランの例

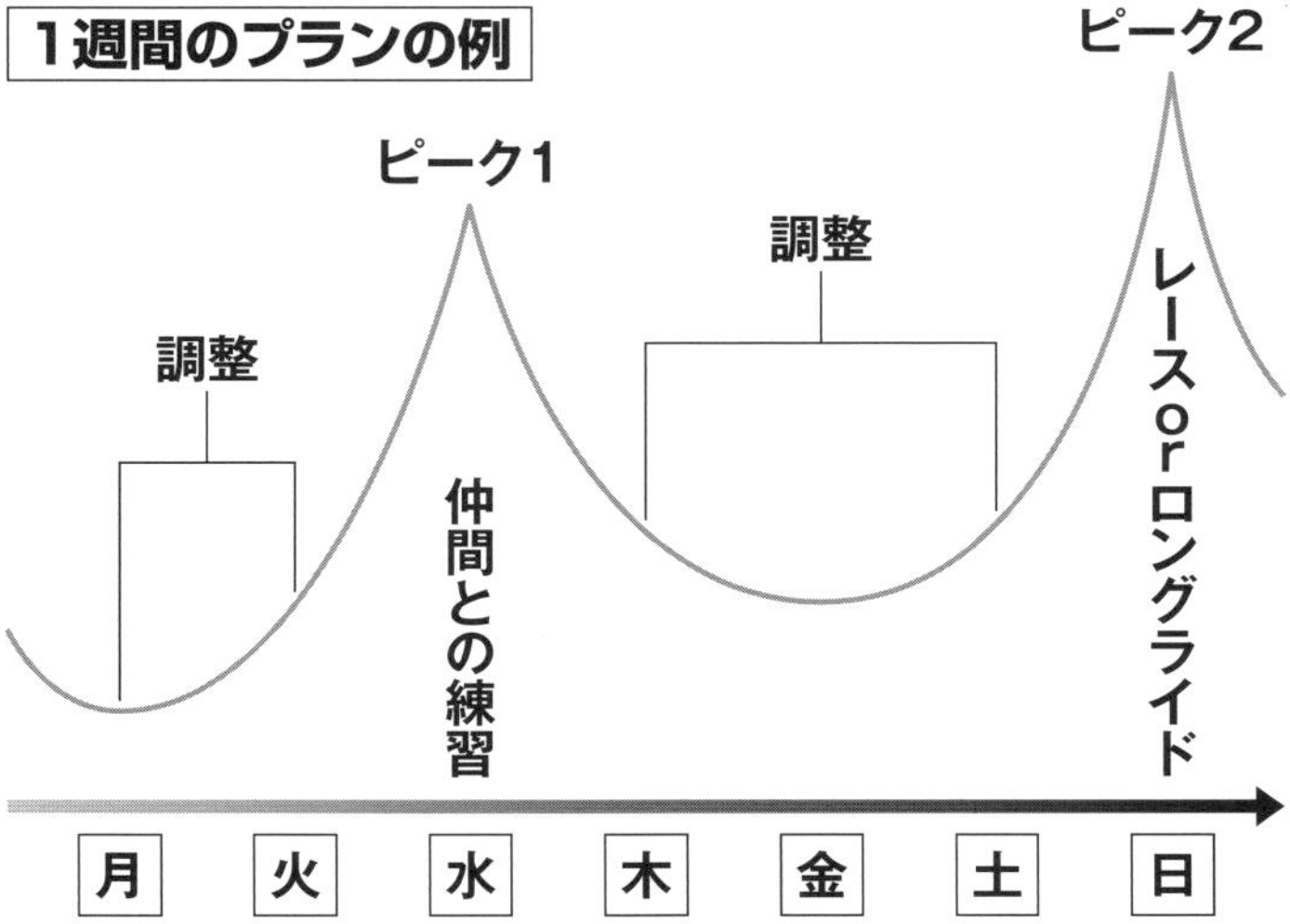

ります。

まとめ　週に1、2回の「ピーク」を設けると1週間のトレーニングプランが自動的に決まる

直感に頼るのは危険

ここまで、シーズン単位のトレーニングプランと週単位のトレーニングプランについて解説してきましたが、具体的に何をやるのかを決めるのは、僕の場合は直感です。最終的に直感に従うのは、喉の渇きが身体が水分を欲しているサインであるように、やりたいと感じたトレーニングが身体に必要なものだと考えているからです。また、長年トレーニングをしてきたため、直感の精度が上がっていることを感じているのも理由です。

しかし、直感で決める方法は、誰にでもお勧めできるものではありません。

仮に、極端に自分に甘い人がいたとします。**その人が直感に従ってしまうと、毎日休息**

日になってしまい、どんどん弱くなってしまうでしょう。

僕は「勝ちたい、速くなりたい」というモチベーションが強いのできついメニューも行えるのですが、そうではない人も少なくないと思います。また、経験が浅い人ならば、そもそも直感の精度は低いでしょう。

したがって、まずはＣＴＬなど客観的な数値を基準にしてトレーニング内容を決めるのがよいのではないでしょうか。数値を指標にして試行錯誤を重ねるうちに、直感の精度も上がってくるはずです。

まとめ　まずは客観的な指標を参考にトレーニングを始める

たくさんのトレーニングメニューを持っておく

具体的なトレーニングメニューについて、「これがいい」と言うことはできませんが、一つだけはっきりしているのは、トレーニングメニューはたくさん知っておいたほうがいいということです。**そのほうが、飽きずにいろいろな領域を鍛えることができます。**

ロードレースはとても複雑で、豊かな競技です。パワーだけではなく、スキルや戦略、経験など様々な要素が問われます。トレーニングで鍛えるべきテーマが多い競技だ、ともいえるでしょう。

したがって、近視眼的にならず、多様で変化に富むトレーニングを継続すれば、もっと強くなれるはずです。

僕がこの年齢でもまだ、少しずつ強くなれているのは、ロードレースが豊かな競技であることの証でもあるのではないでしょうか。

では、時間を強度の指標にしていくつかメニューをご紹介しましょう。

①ファストラン

レースがない週末は距離を走ります。

可能ならば、仲間と一緒に車が少ない場所を走るのが理想です。僕は千葉県の房総半島で仲間と走ることがありますが、信号も車も少ないのでとてもいいトレーニングができます。

しかし仲間と予定が合わなかったり、遠方まで移動する余裕がない場合は一人で走ることになります。

ロングライドの場合も、「決められた時間（この場合は距離）を全力で走る」という原則は変わりません。パワーは終わってから見ます。

僕の場合は150㎞ほどのライドになることが多いのですが、平均パワーは200W〜220W前後に落ち着くことが多いようです。このパワーはFTPの7割ほどなので、**LSDよりは強度が高いメニューです**。ファストランと呼ぶのが正確でしょう。

ファストランには、距離を乗ることでしか得られない効果が期待できます。スタミナがつくことはもちろん、長距離を走ると平地も上りも下りも、さまざまなシチュエーションが登場するため自ずからフォームも綺麗になります。ペダリングを意識しつつ走ってください。

まとめ　長距離を可能なかぎり速く走ることでさまざまなシチュエーションに順応しつつスタミナをつける

②ローラー台での20分走と5分走

ローラー台では、20分走や5分走も行います。実走ではなくローラー台で行うのは、単純に走る場所がないためです。実走できる場所がある方は実走でもまったく問題ありません。

僕の経験上、トレーニングでの20分全開走は、実質的にＦＴＰ走になるようです。メニュー終了後にパワーを確認すると、ＦＴＰ付近に落ち着いている場合が多いためです。20分走は、タイムトライアルのためのトレーニング、というイメージです。

少し前までの僕がもっとも重視していたのが5分走です。理由は、**5分全開走はレースの勝負所で要求されることが多い強度だからです**。たとえば、レース終盤にゴールまで独走するとか、少人数の逃げを作る場合の強度は5分走に近くなります。ちなみに、平均パワーはＦＴＰの１０５％～１１０％程度になることが多いようです。

このくらいの高強度になってくると、自然とお尻がサドルの前のほうに出てきます。ファストランとはフォームが変わってくる点も意識してください。

まとめ　5分走はレースの勝負所に近い強度。フォームの変化にも注意する

③ 勝負を決める1分走とスプリント

1分全開走は、レースの勝敗を分ける領域です。ロングスプリントやライバルのアタックに飛びつく場合などは、1分走に近い走りになるため、レース前にはよく行います。

1分走は実走で行う場合がほとんどです。下ハンドルを持ってサドルから腰を上げ、できるだけ速いスピードを1分維持します。もちろんパワーは見ませんが、後で確認すると、800Wほどで立ち上がりその後600Wくらいまで落ちていくことが多いようです。

そして、1分走をさらに短くしたものがスプリントです。スプリントはトレーニングとしての意味はもちろん、どのくらいのパワーが出たかでその日のコンディションを確認する意味もあるので、よく行います。

まとめ▶ 1分走はレースの結果に直結する領域なので、レース前には重視する

レペティションとインターバルの違い

「1分走×5本」のように短時間メニューを繰り返すこともあるのですが、繰り返し方は、レスト（休息）の入れ方によって「レペティション」とインターバルの2種類に分かれることをご存知でしょうか。この2つが混同されることもあるようです。

いわゆるインターバルトレーニングとは、不完全休息を挟んでメニューを繰り返すことです。完全に回復させてはならず、メニューと同じくらいの時間のレストを挟んでメニューを繰り返します。回数は5回くらいが多いでしょうか。

実際のレースの勝負所では脚が回復するのを待たずに高強度が繰り返されることが多いので、インターバル耐性はレーサーとして極めて重要な能力です。

サラ脚で一本だけ高いパワーを出せる選手よりも、やや強度は落ちても何本も加速を繰り返せる選手のほうが成績はよくなるでしょう。そんな選手は、アタックをかけたり、ライバルのアタックに反応したりといった勝負がかかった動きを何度もできるからです。つまり、インターバル耐性が高いとチャンスを逃しにくいのです。

いっぽうのレペティションは、脚が完全に回復するのを待ってからメニューを繰り返すことです。こちらはインターバル耐性のためではなく、一本一本に集中したい場合に行います。

まとめ　インターバルとレペティションはレストの入れ方が異なる

もっとも重要な領域は？

強度別にいくつかのメニューをご紹介しましたが、一番重要な強度はどこでしょうか？

しばしばＦＴＰが強さの目安になるように語られますが、**ヒルクライムを例外として、ＦＴＰはそれほど重要ではありません。**成績に繋がるのは、１～５分間の短時間の領域と、インターバル耐性です。

とくに、クリテリウムなど加減速が多いレースでは、ＦＴＰの重要性はさらに落ち、短時間・高強度の力とインターバル耐性が勝敗を分けるでしょう。さらに付け加えると、クリテリウムでは位置取りやコーナーリングなどスキル面が強く問われるため、相対的に、ＦＴＰの重要性はさらに小さくなります。

ただし、ベースとなるパワーが著しく小さい方はＦＴＰを上げることに力を入れてもいいでしょう。狙うレースや本人の能力によって、重視すべき領域は変わるということです。

まとめ 重要な強度域は狙うレースで変わるが、ＦＴＰの重要性は基本的に低い

2章　速い身体を作る

ロードバイクのエンジンは、人間です。したがって、1章でご紹介したようなトレーニングとは別に、身体の使い方を洗練させ、よい状態を保つ工夫も欠かせません。年齢を重ねたらなおさらです。

仕事が遅くても早く寝る

40代になっても体力の衰えは自覚できませんが、身体の回復には力を入れるようになりました。

たとえば、**睡眠時間は増やしています**。30代のころのように4、5時間睡眠でトレーニング時間を確保することはありません。平均して6時間程度は寝ています。

睡眠時間を増やしたから速くなったというわけではなく、気持ちの問題かもしれませんが、より余裕が出てきたことは確かです。

仕事が遅くなった場合でも、0時前には就寝します。もっと早く就寝できた場合は、カーテンを開け放って寝ることもあります。こうすると太陽光によって自然に、とても快適に目が覚めるためです。

よく、年齢によってトレーニングの疲れが残りやすくなった、という声を耳にしますが、僕はこれらの工夫によって疲労を残さずに過ごせています。睡眠時間を増やしたから、回復しやすくなっているのかもしれません。

もしそうならば、40代以降のホビーレーサーにとっては、睡眠は非常に重要だと言えるでしょう。

まとめ　回復のため、睡眠時間をしっかり確保する

飲み会でもノンアルコール

一つだけはっきりと年齢による衰えを感じることがあります。お酒に弱くなってしまったのです。

僕は特に酒豪というわけではありませんが、お酒は好きなので、人並みにはお酒を飲んでいました。ただ、最近、お酒を飲むと翌日のトレーニングが辛いのです。また、若いころから、**お酒を飲むと睡眠の質が悪くなることを感じていました**。お酒を飲んでしまうと、7時間以上寝ないと回復できません。

そんなこともあり、最近はお酒の量が減っています。飲み会に出るときも、たまにノンアルコールで我慢することすらあります。

お酒を飲まないと睡眠の質がよくなるので、このことも回復にはプラスになっているかもしれません。

まとめ アルコールは睡眠の質を下げる。飲み会をノンアルコールで通す手もある

夜のトレーニングに備え、デスクでサンドイッチ

日常の食事では、タンパク質を十分に食べ、糖質は食べ過ぎないように心掛けています。しかし、**決して糖質オフというわけではありません**。

朝の練習後に朝食を摂って出社すると、昼食と夕食は会社で食べます。昼によく食べるのが、スマートフォンで注文できるサラダです。サラダといっても野菜だけではなく、卵や豆腐、チキン、米なども含まれているので、野菜・タンパク質・糖質がバランスよく摂れる、たっぷりとしたものです。

夕食は、大きく2パターンに分かれます。

夜に練習をしないときは、基本的に外食の予定があるときですから、外食になります。ただし、お伝えしたように、お酒を飲まないことも増えました。

もう一つのパターンは、夜にトレーニングをする場合です。少し早め、たとえば19時過ぎに帰れそうならば夜にも練習ができるため、そこから「逆算」して夕食を食べます。

逆算とは、時間と内容の逆算です。

トレーニング直前に夕食を食べると胃がもたれますが、あまりトレーニングとの時間が開くのもまずいので、1時間強くらい前に食べたい。内容は、重すぎてもよくないのですが、あまり少なくてもトレーニングのエネルギーが不足してしまいます。特に、**トレーニング前の食事でエネルギー源の炭水化物を抜いてしまうのは避けたいですね**。

そこで、19時過ぎからトレーニングができそうなら、17時～18時ごろにデスクでサンドイッチやパニーニを食べます。

こんな夕食だとタンパク質と野菜が不足しそうなので、昼にはしっかりと前述のサラダを食べます。**夜のトレーニングから夕食を逆算し、さらに夕食から昼食を逆算するということです**。

この他には、間食としてプロテインバーを食べます。また、トレーニング後にはプロテ

インを飲み、サプリメントはＥＰＡ（青魚の不飽和脂肪酸の一つ）とアミノ酸を摂ってい
ます。

まとめ　夜にトレーニングをする場合、そこから夕食・昼食が逆算できる

会社帰りのマッサージで回復

睡眠と食事以外では、それぞれ週1回程度ですが、温冷交互浴とマッサージをしています。

といっても、特別なものではありません。近所のスパに行き、水風呂と熱いお風呂に交互に入るだけです。この**温冷交互浴には、血流を良くして疲労物質を流す効果があると言われています**。

マッサージは、いわゆるスポーツマッサージではなく、雑居ビルの一室で開業しているごく普通のマッサージです。スポーツマッサージを避けているのではなく、僕がマッサージに行ける遅い時間にやっているスポーツマッサージがないだけなのですが、十分に効果はあるように思います。

ただし一つだけポイントがあり、**それはできるだけ同じ人に施術してもらうこと**。継続して同じ人にかかると、身体の癖を理解してくれるので、効果的なマッサージが期待できます。また、身体の変化を指摘してもらえることもあるでしょう。

少し珍しい工夫としては、立って仕事をすることもあります。

僕の仕事は12時間座りっぱなしになってしまうのですが、最近、パソコンのモニターの位置を上下させられるデスクが導入されました。このデスクでモニターの位置を上げると、立ったまま仕事ができるのです。

ずっと座っているとどうしても血流が悪くなりますが、たまに立ちながら仕事をするだけでも、あきらかに血の巡りはよくなる印象を受けます。立ったまま仕事をするかはともかく、仕事中に歩いたり立ったりはしたほうがいいでしょう。

こういった工夫の積み重ねも、年齢による衰えを感じさせないことに繋がっているかもしれません。ひょっとすると、かえって若いころ以上に全体としての回復力は上がっているかもしれません。

まとめ　スポーツ専門ではないマッサージも効果がある。ただし、同じマッサージャーにかかったほうがよい

ジムの筋トレと自重筋トレの違いとは？

速い身体を作るために、ほぼ毎日、補助的な筋トレも行っています。中でも、この後解説しますが、効率的なフォームのために重要な体幹のトレーニングは重視しています。

ここで強調したいのは、僕が筋トレを2種類にはっきりと分けていることです。それは、体幹トレーニングなど自重でできるものと、ジムで行うものです。**この2種類の筋トレは、目的がまったく違います**。

体幹トレーニングというと、腕立て伏せで腕に負荷をかけて太くするように、体幹に筋肉をつけるトレーニングを想像されると思います。実際、そういう目的でプランクなどの体幹トレーニングをする方が多いでしょう。

しかし、僕の体幹トレーニングは体幹を太くするためではありません。もし体幹を鍛えるためなら、たまにプランクをする程度では負荷が足りないはずです。

では何のために体幹トレーニングをしているのかというと、**普段意識しにくい体幹の筋肉を、負荷をかけることで意識するためです**。

筋肉は意識しなければ使えませんが、体幹の筋肉は腕や脚の筋肉とは違い、普通にロードバイクに乗っているだけでは意識しにくい存在です。

いわば、存在を忘れてしまうのです。

ですが、**プランクなどピンポイントで体幹に負荷をかけることができれば、「体幹を使っている感じ」を体で覚えることができます**。すると、ロードバイクに乗っているときも体幹を使えるようになり、結果的に体幹が太くなるというわけです。

僕にとっての自重の筋トレの意味はここにあります。忘れやすい筋肉を思い出すために、定期的に行うのです。正確には筋トレというよりも、「筋肉の存在を思い出させるトレーニング」というべきでしょう。

僕のこの考え方は、トレーナーの福田昌弘さんの影響を強く受けています。僕が行う筋トレのメニューも、大半は福田さんの著書『ロードバイク　スキルアップトレーニング』（日東書院本社）に掲載されているものです。

筋肉の使い方を思い出す自重の筋トレとは別に、多くて週1回程度ですが、ジムでの筋トレも行っています。

こちらは自重の筋トレとは違い、ウェイトや器具を使って高い負荷を掛け、筋力の向上を狙うものです。メニューはスクワットなどが多いですね。

ジムでの筋トレは体重（増加）を気にしない冬季に行うことが多いのですが、思い返すと、冬場はしっかりとパワーが出ていることが多かったように思います。単にダイエットをせずに体重が増えたからかもしれませんが、ジムの筋トレの効果もあったかもしれません。

まとめ　筋トレは、筋力向上を狙うもの以外に、筋肉の存在を意識するためのものもある

「自転車に乗る」という特殊スキル

つい忘れがちなことですが、そもそも**「自転車に乗る」という行為は人体にとってあまり自然ではありません**。

小さなサドルに座り、上体を前に倒し、足を円状に動かしてペダルを回す。考えてみれば、非常に奇妙な運動です。慣れなければスムーズにはできないでしょう。

ということは、自転車に乗るという行為そのものが特殊なスキルだということです。熟練したライダーとそうではないライダーでは、消費する体力が同じでも、生まれる推進力には差があるはずです。

30年近くロードレースをやってきた僕ですが、身体の使い方は、今でも試行錯誤を重ねています。

そのおかげか、30代のころと比べても、フォームはより改善されてきたと感じます。苦手だったシッティングもスムーズになってきましたし、以前よりも体幹に筋肉がついてきたのも、体幹の筋肉を使えるようになった現れだと考えています。**仮に心肺機能などフィジカルの能力がまったく変わらなくても、身体の使い方が上手になれば速くなれます。**まだ速くなる余地が残っていると思うと、わくわくしませんか？

まとめ　自転車を進める行為は特殊スキル。フィジカルが変わらなくてもスキルアップできれば速くなる

身体の使い方で脚を温存する

僕は、自分のパワーには特筆すべきものはないと思っています。ＦＴＰにしてもスプリントのパワーにしても、僕よりも大きいホビーレーサーはいくらでもいます。

しかし実は一つだけ、パワーについて自信を持っている部分があります。

それは、4時間や5時間に及ぶ長距離レースの終盤の独走力です。ＴＴ（タイムトライアル）などサラ脚の状態での独走力はそれほどではありませんが、ツール・ド・おきなわで何度か独走勝利を挙げられたように、長いレースの後半の独走は僕の武器になっています。

僕は長いこと、それは僕のフィジカルが長距離レースに向いているからだと思っていました。生まれつきクライマーに向いた人やスプリンターに向いた人がいるように、長距離レースに向いた人がいてもいいはずです。

しかし最近は、他にも理由があるのではないかと考えるようになりました。**それは、僕がダンシングを得意としていることです。**

僕は上りの大半をダンシングで走るのですが、**ダンシングで走るということは、シッティングで使われる筋肉を温存できるということです。**もちろんダンシングで使う筋肉とシッティングで使う筋肉は重複しているとは思いますが、シッティングのみで走った場合と大きな差が生まれることは間違いないでしょう。

上りでシッティングの筋肉を使わないということは、上りをたくさん繰り返すほど、周囲のレーサーに対してシッティングで優位に立てるということです。他のレーサーは上りでもシッティングの脚を消耗するため、上れば上るほどシッティングのパワーは落ちていくはずです。

サラ脚での独走力が目立たない僕が、距離が長いツール・ド・おきなわで独走勝利できる理由はここにあるのではないでしょうか。**周囲のレーサーがシッティングの脚を消耗しているため、相対的に優位に立てるのです**。

このように、身体を上手く使うスキルがあれば、サラ脚では勝てない相手にも長いレースでは勝てる可能性があります。とくに、大半のレースには上りが含まれるため、ダンシングのスキルは強力な武器になります。ダンシング技術についてもこの後で解説します。

まとめ　スキルがあれば、脚を温存することができる

「ペダリング」という謎

フォームの洗練は質の高い走りには欠かせません。なかでも最重要スキルが、言うまでもなくペダリングです。

スポーツバイクにはいろいろありますが、ロードバイクはギヤがあるため、比較的簡単に乗りこなせる乗り物です。しかし、たとえばギヤがないピストバイクはスピードを変化させるにはケイデンスを変えるしかありませんから、ペダリングスキルの差が出やすい乗り物です。

高校～大学時代にピストバイクでのトラック競技も行っていましたが、ピストバイクでは、速い人とそうではない人との間で大きなペダリングスキルの差を感じました。ロードバイクには変速機があるため、ペダリングスキルの差が見えにくくなるのかもしれません。その意味では、ピストバイクによるトラック競技はペダリングスキル向上にもとても大きな効果がありますので、特に若い方は絶対にやるべきです。

近年はパイオニアのパワーメーター「ペダリングモニター」など、ペダリングの解析ができる機材も出てきました。ペダリングモニターは僕も使っていますが、ペダリング効率という数値を算出することもできます。

しかし、**どういうペダリングが「よい」ペダリングなのかは、まだわかっていないようです**。ペダリング効率が高ければよいペダリング、というわけでもないと聞きます。

ライディングスキルの中でもっとも数値化しやすいと思われるペダリングですら、まだ十分に解析ができるフェーズには達していないのです。ということは、熟練したライダーとそうでない人との差が出やすい分野、と言えるかもしれません。

まとめ ペダリングスキルには個人差が大きい

走りがフォームを作る

身体の使い方はフォームと言い換えてもよさそうですが、フォームほどさまざまな意見が飛び交うテーマも珍しいでしょう。

骨盤は立てたほうがいい、いや寝かせるべきだ、踵は上がったほうがいい、いや下がってもいい……色々な人が色々な説を唱えており、何が正解かがわかりません。

こういったフォームに関する議論は、フォームを出発点と考えている点が特徴です。つまり、「フォームを変えると走りが変わる」という立場に立っている点では、みな共通しているのです。

しかし僕は、逆なのではないかと思うようになりました。**フォームが走りを変えるのではなく、「走りがフォームを作る」と考えるようになったのです。**

つまり、フォームは走り方の結果でしかないのではないか。そう思います。

別の言い方をすると、骨盤がどうとか、踵がどうとかいうのは末節にすぎず、別の場所に太い「幹」があると思っています。幹とは、そのライダー固有の体型や走り方、体の使い方などです。

ですから、幹を無視して末節について議論をしてもあまり意味がないのではないでしょうか。

たとえば、踵が落ちるペダリングをしているとても強いプロがいるとします。彼を見て「なるほど、踵が落ちていたほうがいいんだな。自分も踵を落とすペダリングをしてみよう」と真似てみても、ナンセンスです。

そのプロが踵が落ちるペダリングをしているのは、**彼の体の作りや筋肉のつき方、機材、走っているレースなど様々な要因の「結果」でしょう**。結果をもたらしている要因を無視して形だけ真似てみても、そもそも真似になっていないと思います。

かくいう僕も、昔はプロの走りを真似てみたこともあります。プロとは、一緒に練習していた鈴木真理君です。

真理君を真似ようとしていた僕ですが、やがて意味がないと思うようになります。真理君と僕とでは、体型も心肺機能もまったく違うからです。

そこで僕は、真理君のフォームを真似るのではなく、そのフォームの根底にあるものが何かを考えるようになりました。

もし踵が上がるなら、なぜ踵が上がるのか？　骨盤が立っているなら、なぜ骨盤が立つのか？　このように、表面上の特徴をもたらしているものを追究したのです。すると、見かけを真似ることができなくても、もっと重要なものを学べたのです。

まとめ　表面上のフォームではなく、フォームをその形にしたものを探る

体重が増えた理由

フォームが走りを変えるのではなく、走りがフォームを変える。似た例が、近年の僕に起こっています。

ここ数年で、僕の体重は少し増えました。上半身、とくに体幹に筋肉がついたからだと思っています。

こういうと「体幹トレーニングをしたのですか？」と聞かれることが多いのですが、前述のように、筋肉がつくような体幹トレーニングはしていません。

ではなぜ体幹が太くなったのかですが、僕がホビーレーサーとして十数年トレーニングを積んできたことで、ようやく体つきがレーサーらしくなってきた、ということだと解釈しています。

横から見るとよくわかるのですが、ヨーロッパのプロは、例外なく太い体幹をしています。体幹にぶ厚い筋肉がついているのです。

しかしそんなプロも、ジュニア時代やU23のころの写真を見ると、体幹にはそれほど筋肉がついていません。プロとして厳しいレースやトレーニングで揉まれていくうちに、体幹に筋肉がついたのでしょう。

ということは、体型やフォームがどうであれ、レーサーとして厳しい環境に身を置き続けていれば体幹に負荷がかかり、太くなるということです。**厳しい走りが太い体幹という**

「形」をもたらしたのです。体幹を太くするものが具体的になにかは、わかりません。

僕も、ホビーレーサーではありますが、地道にトレーニングをしてきました。その「結果」として、ようやくレーサーらしい胴体を手に入れたということだと思っています。

もちろん体幹を鍛える筋トレをすれば太い体幹が手に入るのかもしれませんが、ロードレーサーとしてはあまり意味がないのではないでしょうか。太い体幹そのものは、あくまで末節でしかなく、**重要なのは太い体幹をもたらしたものだからです**。

フォームを変えると走りが変わる、とよく言われます。しかし実態は逆で、フォームや体つきなどの「形」は、走りの結果なのだと思っています。

まとめ　走りがフォームや体型を変えることがある。フォームや体型は走りの「結果」

アマチュアとプロを隔てるダンシング

「形」が走りの結果だということは、フォームなどの形を見れば走りのレベルが分かるということでもあります。

実際に、フォームを一目見ればその人のおおよそのレベルが分かってしまいます。体型や機材には大きな個人差があるのだから不思議な話ではありますが、フォームをもたらした走りに、なにか共通したものがあるのでしょう。

中でも**とくにアマチュアとプロとの差が大きいのが、ダンシングのフォームです**。

海外のプロで、ダンシングが「下手だ」と感じさせる選手を見たことがありません。国内プロでも、鈴木真理君のダンシングは実に綺麗でした。水泳をやっていたので上半身が鍛えられていたせいかもしれませんし、そもそも僕よりも数段強かったので余裕があったのかもしれませんが、僕は真理君のダンシングが乱れたのを見たことがありません。

シッティングとは違う筋肉を使い、体重を推進力に変えられるダンシングは上手く使えれば強力な武器になります。少なくとも僕はダンシングを武器にしており、上りはほとんどダンシングでクリアしています。

ダンシングを武器にできるということは、パワーにも表れています。

短い上りで、5分間の全開走をするとします。「○○Wのパワー」という場合はシッティングのパワーを指すことが多いようですが、シッティングで走る場合とダンシングで走る場合とでは、出力が変わるはずです。

僕の場合、上りでの5分の全開走なら、間違いなくダンシングのほうがパワーが大きくなるでしょう。シッティングなら350Wを下回ると思いますが、ダンシングなら400W弱のパワーが出るはずです。

このように有効なダンシングではありますが、全身が綺麗に連動しないと、かえって疲労してしまいます。そしてホビーレーサーの大半は、あまりきれいなダンシングはできていないようです。

ダンシングを武器にするにはどうすればいいのでしょうか。

まとめ **ダンシングのほうがシッティングよりもパワーが出せる場合がある**

ダンシングではバイクの上で歩く

僕は、フォームなどの「形」は走りの結果でしかないと述べました。どうやら、僕のダンシングにも同じことが言えそうです。

僕がダンシングを武器にできたのは、少なくとも2つの出来事の結果である可能性があります。

一つは、**高校時代の僕がひたすらシティバイクでダンシングをしていたことです**。当時の僕は神奈川県の秦野駅から自転車で5分ほど坂を上ったところに住んでいたのですが、僕はこの上りを、3年間、通学用のシティバイクで毎日、ダンシングを続けたのです。このことが今のダンシングスキルと無関係ではないと思っています。

通学とはいえ、トレーニングとして捉えるならば「ダンシングでの5分全開走を千本弱」ということになります。相当のトレーニングです。スキルアップの効果は十分あったのではないでしょうか。

ダンシングスキルを身に付けたもう一つの理由として考えられるのは、**僕がシッティングを苦手としていたことです**。近年は少し改善しましたが、僕はシッティングが上手ではありません。だから、消去法的に上りではダンシングをするようになり、それがダンシングスキルを磨くことに繋がったのかもしれません。

いずれにしても、ダンシングスキルは、僕がたくさんダンシングをしてきたことの結果であることは間違いなさそうです。継続すればダンシングは上手になるということです。

とはいえ、「たくさんダンシングをしてください」だけでは解説にならないので、もう少し考えてみましょう。

バイクの上に立ち、歩くように左右の脚に体重を乗せるのが僕のダンシングのイメージなのですが、こう言って伝わるものでもないでしょう。全身運動であるダンシングはあまりにも複雑な運動なので、言葉で伝えることには限界があります。

一つ確実なのは、**体重を使うことがポイント**になる点です。60kg前後もある体重をペダルに無駄なく乗せられたら、莫大なパワーを生むでしょう。

そのためには、ハンドルに体重を乗せてしまうとその分がペダルに乗らないので、**ハンドルに荷重しないことが重要です**。チームメイトでトレーナーの福田昌弘さんも、ダンシングでハンドルに体重が乗っている人が多いと言っていました。

ただし、**ダンシングでは腕をかなり使います**。

スプリントのようにハンドルを引きつけるのではなく、あくまでペダリングと連動して自然にバイクを動かすレベルですが、腕の役割は重要なようです。というのも、最近少しだけ体重が増えたせいで、ダンシングの時に腕が疲れるようになったからです。

そういえば、ヨーロッパのクライマーを見ていても、小柄で体重が軽い選手ほどダンシングを多用する傾向があります。あまり意識はしませんが、腕の役割は大きいのでしょう。

まとめ　ダンシングでは腕をうまく使い、ペダルに体重を乗せる

腕と脚を結ぶ体幹

腕が重要と言っても、腕でペダリングをするわけではありません。ペダルを回すのは脚です。それぞれがどう動くかはともかく、腕の動きと脚の動きが連動してはじめて、スムーズなダンシングができます。

ということは、**腕と脚を連動させている部分**が鍵を握っていることになります。

そう、**体幹です**。無駄のないダンシングをするためには、体幹がしっかりしていることが前提になるはずです。

体幹は、ダンシングに限らず近年のキーワードになっていますが、単に走りこむだけでは体幹を鍛えることは難しい。体幹にフォーカスしたトレーニングが必要でしょう。

そこで僕は前述のように、プッシュアップやスクワットを毎日行い、体幹の筋肉を使う感覚を得ようとしているというわけです。

根底にアプローチする

ここまでダンシングについてお伝えしてきましたが、僕にとっての課題はむしろシッティングのほうでした。

僕はシッティング、とくに上りでのシッティングが苦手です。改善しようと思い、いろいろなことを試みました。

たとえば僕の右足にはペダリング時に踵が内側に入る癖があることがわかりました。ただ、だからといって「右の踵が内側に入らないようにしよう」とは意識していません。踵の位置は、その他の様々な体の使い方の結果でしかないからです。

したがって僕は、先ほどの福田さんの著書にあるような基礎的なペダリングのためのドリルを行い、ペダリングを「全体として」改善するよう努めています。**末節にアプローチしても意味は小さいと考えているからです**。

また、シッティング中に、上死点付近で踵が上がることもわかりました。福田さんが説くように踵の上下動は無駄な動きなので、改善するためにクリートの位置を変えたり、ペダリングスキルのためのドリルを試みたりしています。

体の細部に問題があっても、いきなり細部にアプローチせず、根底にあるものを探る。そう心がけています。

また、**考え方を変えたことがシッティングの改善につながった面もありました**。

最近、以前よりも上りでのシッティングに苦手意識がなくなった理由として一番大きいものは、上りでサドルの前に座るようになったことです。

以前は、上りでもサドルの後方に座ったほうが美しいだろう、という固定観念がありました。もちろん平地のレースでスピードが上がったときはサドルの先端に座ってこらえるようにしていましたが、長続きはしないし、美しくもありません。可能な限りサドルの後ろに座るべきだと思っていたのです。

しかし、苦しい状況でサドルの先端に座ろうとするということは、それも一つの正解なのではないかと思い直し、上りで前に座るようになったのです。

この試みは、結果的には正解でした。長年の思い込みから脱したことで、苦手分野を克服できたのです。

まとめ　ダンシングでは腕をうまく使い、ペダルに体重を乗せる

3章　速くなるための積み重ね

日常の「積み重ね」で速くなる

トレーニングに質があるように、走りにも質の違いがあります。**走りの質はやはりパワー（量）では計れません**。どれだけ高いパワーを出せても、速く走れなければまったく意味がありません。

特に、レースではパワーを抑えて走ることのほうが大切です。順位が同じなら、パワーが低いほうが走りの質は高かったと言えるでしょう。だから、さまざまな走行テクニックやレース戦術によって消費パワーを抑え、脚を勝負所まで温存できるのが質のいい走りであり、レースです。

僕は、ロードバイクという乗り物は「**速くなるための小さな積み重ね**」によって大きな差が出ると考えています。

走るときには上りやコーナーリングでさまざまなテクニックを使い、できるだけパワーを節約しながら速く走れるよう工夫します。

たとえば、下の断面図のようなちょっとした上りがあったら、どのように走りますか？

初心者に多いのが、上りでパワーを上げて「がんばって」しまい、下りで脚を止めてしまう走り方です。上りの終わりでオールアウトに近い状態になり、ふらふらと下りに入る人は多く見かけます。

しかしそれよりは、余力を残してほどほどのペースで上り、下りはじめで強めに踏んでスピードに乗るほうが、全体としては速く走れる場合が多いでしょう。

これは、速く走るための走行テクニックの例です。

積み重ねは走行テクニックだけではありません。

ウェアはちゃんと、ジャストサイズのものを選んでいるでしょうか？　余計な空気抵抗は減らさなければいけません。ジャージにゼッケンを縫い付けるときも、できるだけはためかないように

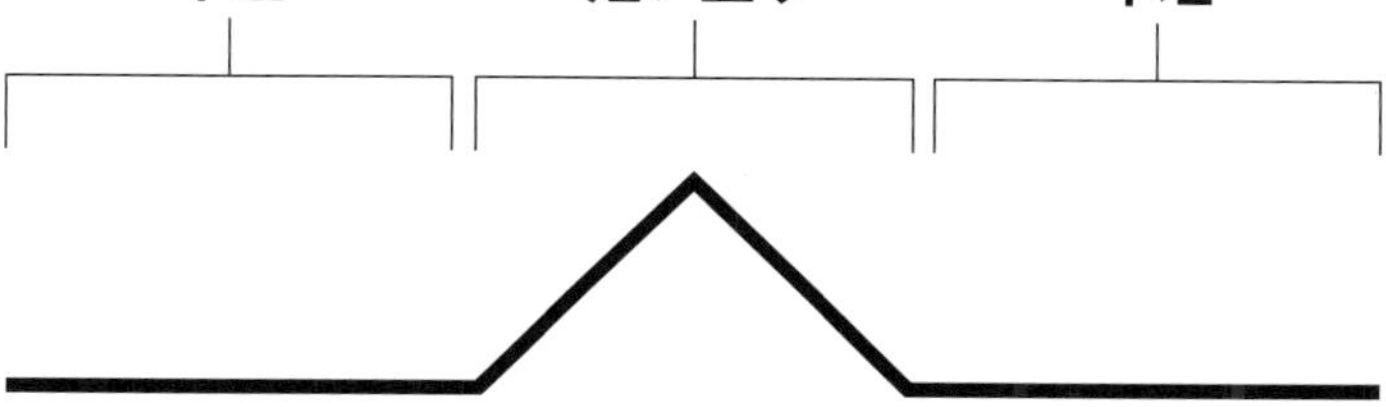

すれば空気抵抗を少しだけ減らせるはずです。チェーンのオイルを抵抗の少ないワックスにすれば、わずかではありますがライバルに優位に立てるでしょう。

他に、日々の食事やウェイトトレーニング、睡眠も積み重ねであることは言うまでもありません。

一事が万事。それがロードバイクだと僕は思っています。パワーや練習量は大切な要素ではありますが、あくまで万事の中の一事にすぎません。

まとめ 速くなるためには、見えにくい小さな努力を積み上げる必要がある

公道を走るだけでも差が出る

プロや速い人と一緒にトレーニングをしたことがありますか？　公道を流しているときでさえ、走り方に違いがあったはずです。

僕も公道を走っているときに、あまり経験がないであろうライダーを見かけることがあります。**なぜ経験がないとわかるかというと、走り方が危険だからです**。

たとえば、極めて基本的なことですが、まっすぐ走れていない人は少なくありません。まっすぐ走ることは、安全のためにも、速く走るためにも基本中の基本です。左右へのふらつきはロスですし、レース中にふらつくと落車を引き起こしかねません。

あと、そういうライダーは**路面が良く見えていないな**、と感じることも少なくありません。

公道にはグレーチングや穴、轍、石、浮き砂など様々な障害物があります。

こういった障害物は落車やパンクの原因になりますし、減速することにもつながりますから避けたほうが安全なのですが、気づいていないのか、障害物に突っ込んでしまう。パンクが多い人は走り方を見直したほうがいいでしょう。

速い人は路面をよく見ていますから、安全な場所を選んで走っています。観察力があるのです。

まとめ　公道を走るだけでもスキルの差が出る。速い人は路面をしっかりと見ている

無駄なペースの変化をなくす

ここで安全に言及したのは、一言で表現すると、**安全に走ることと速く走ることはとても近い**ためです。

誤解されないよう補足しますが、僕はなにも、公道でレースをしようと言っているのではありません。そうではなく、**無駄なパワーを使わないように走ることは、安全にもつながる**ということです。

慣れていない人が公道を走ると、無駄なペースの上げ下げが目立ちます。これは言うまでもなく脚を疲れさせますが、原因はやはり観察力（または想像力）が足りていないからだと考えられます。

分かりやすいのは信号を前にした場合の走り方でしょうか。

赤信号が前方にあるのに、あるいはすぐに赤に変わりそうな信号があるのにペダリングを続け、信号で急なブレーキをかける人をよく見かけますが、もったいない走りです。赤信号の手前で脚を止め、信号が青に変わってからペダリングを再開すれば無駄な加減速なしに走れるでしょう。

そのためには、**前方の信号や交差する道路の信号、歩行者用の信号をよく観察して、信号がいつ・どう変わるかを予測すればいいのです**。信号だけではなく、前方の車の動きや道路標識などもよく見てください。安全で、かつ速い移動ができるはずです。

もちろん短距離のダッシュ力をつけるためにあえて信号を利用しているなら別ですが、街中でダッシュをするのは危険で非効率的です。安全な場所やローラー台でインターバルトレーニングを行ったほうがいいでしょう。

まとめ　ペースの上げ下げは無駄。信号をよく見て無駄なペース変化を抑える

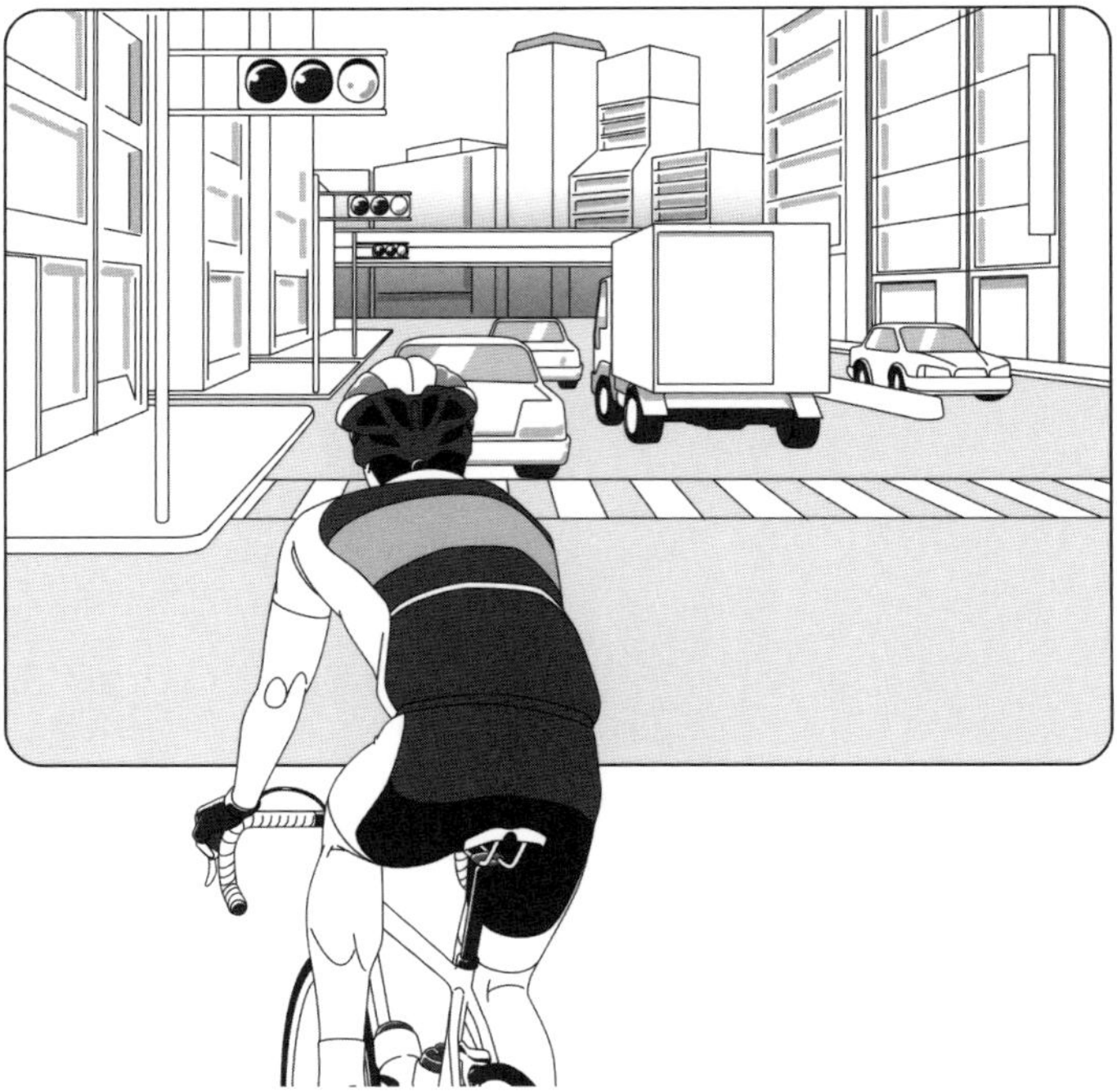

落車をしたら反省する

よく「**落車に巻き込まれた**」「**○○のせいで転んでしまった**」というような表現を見かけます。しかし、それは本当でしょうか？　自分自身にはまったく問題はなかったのでしょうか？

たとえば、横を走るバイクが急に自分のほうに寄ってきたとします。肩が触れて落車したら、多くのホビーレーサーは「隣のバイクが寄ってきたせいで落車した」と言うでしょう。

ですが、レースでは接触はつきものです。多少接触しても落ち着いて押し返せばまず転ばないのですが、経験が少ない人はそのことを知らず、体が触れたことでパニックになってしまい転ぶのかもしれません。

そんなときに「○○のせいで……」と考えてしまっては、落車の原因を知るチャンスは失われます。

自分の走りに問題はなかっただろうか、どうすれば落車を防げただろうか、という反省が欲しいところです。僕は、どんな落車も、責任の半分以上は避けられなかった自分にあると考えています。

そして重要なことは、落車を人のせいにしてしまうレーサーは成長しづらいということです。なぜなら、安全のためのテクニックは自身の命を守るだけではなく、速くなることとも無関係ではないからです。

まとめ 落車を人のせいにしない。落車した側のスキル不足が要因のケースも多い

車道では周囲をよく見て想像力を働かせる

速い人が見るのは路面だけではありません。前後左右上下、あらゆる場所をよく観察し、**「次の瞬間には何が起こるか」**を考えています。

たとえば、路上駐車の車を抜くとき。スレスレをパスする人をよく見かけますが、危険です。ドアが空いたら衝突は避けられませんし、車の陰から横断しようとする歩行者が出てくるかもしれません。

僕は、車をパスするときは必ず、ドア1枚分の余裕をもって抜くようにします。もちろん、抜く前に後ろを確認するのは言うまでもありません。

ただし、機械的に「ドア1枚分のスペースを空けて抜く」と決めているだけではありません。もっとよく観察し、場合によってはブレーキをかけます。

路上に駐車してある車が見えたら、車内の様子を見ます。人がいて、なにやら動いていたらドアが開く可能性が高いということですから注意したほうがいいでしょう。運転席にドライバーがいたら急に発車するかもしれません。あるいは車の向こうに立っている人が見えたら、これから道路を横断するのかもしれません。

駐車中の車をパスする一瞬のうちに、最低でもこのくらいのことは考えなければ安全は守れません。大げさではなく、僕は実際にこのくらいの注意は払っています。

もちろん、他のシチュエーションでも同じです。
あの車はウインカーを出していないが、急に曲がるのではないか？
歩道の子供は、道路を渡ろうとしているのではないか？
雨は止んだが、日陰の路面はまだ濡れているのではないか？
走っている間は、観察力と想像力がフル稼働しているのです。

安全に走ることと速く走ることとは関係があると述べましたが、この例はまさにぴったりです。レース中も観察力と想像力を休ませてはいけないからです。アタックが続き、周囲に疲れた雰囲気が漂って来たら、アタックのチャンスです。あるいは有力選手が妙な動きを見せていたらアタックする準備かもしれませんから、「彼がアタックしたらどう動くか」を想像しておいたほうがいいでしょう。

このように、観察力と想像力は速く走るためには欠かせません。

まとめ よく観察し、想像力を働かせることが速さと安全につながる

上手な人と走るのが最短コース

安全に速く走るスキルは、上手な人と一緒に走って身に付けるのがもっとも早い方法です。

僕は幸い、若いころからプロ選手などと一緒に走ることができました。プロと一緒に走れたことによるアドバンテージは非常に大きいものがあると、最近になって改めて思います。観察力や想像力はパワーメーターやローラー台では鍛えることができないからです。

パワートレーニングばかり行ってきた人や社会人になってからレースをはじめた人と走ると、脚力はあっても観察力が足りないと感じることはよくあります。子供のころからロードバイクに乗っていた人間には当たり前のことができないのです。

それは危険であるだけではなく、速く走れないことにもつながるでしょう。

経験が豊富な人と外を走る。それがスキルアップの最短コースです。

とはいえ、誰もがベテランと知り合う機会があるわけではありませんから、基本的なテクニックは解説しておきます。

さりげなく述べましたが、スキルでは「基本的な」という点がポイントです。特別なことはなにもなく、基本を守ることが速く走れることにつながるからです。

まとめ 速い人と外を走ることがスキルアップには効率的

ブレーキングとコーナーリング

もっとも基本的なことであるにも関わらず、十分にマスターしている方が少ないのがブレーキングとコーナーリングではないでしょうか。

コーナーが近づいたら、ブレーキで減速します。

このとき、教科書的には「コーナー進入前にブレーキングを済ませましょう」と言うことになっていますが、実際はまず不可能でしょう。僕もコーナー進入前にできるだけ減速を済ませておくようにはしますが、曲がっている最中も軽くブレーキを当ててスピードを調整します。

また、当たり前ではありますが、イン側の足は上げましょう。ペダルが地面にヒットすることによる落車が起こっているのを見ると、この基本を守れていない人もいるようです。

コーナーリングのラインどりは、アウト側から入ってイン側を抜け、再びアウト側から出る「アウト・イン・アウト」が基本ということになっていますが、好きなラインを走れないレースではそうもいきません。アウト・イン・アウトで曲がれない場合に備え、さまざまなラインどりを意識したコーナーリングも練習したほうがいいでしょう。

まとめ　レースではアウト・イン・アウトのラインはとれないことが多い

ブレーキングでは冒険はしない

コーナーリングについて、よく「タイヤのグリップの限界を見極めて……」というような表現を目にしますが、僕にはそのレベルのスキルがないため、十分な安全マージンをとり、タイヤが確実にグリップするレベルまでしかバイクを倒しません。しかし、ホビーレーサーの中では僕の下りはおそらく速いほうです。ということは、**コーナーでリスクを負わなくても、ホビーレースなら決して遅れをとることはない**ということです。

当たり前のことを当たり前にやるだけで、十分に速く走れるのがコーナーリングや下りです。**リスクを冒す前に、基本を守れているか確認したほうがいいでしょう。**

その上でテクニックアップのためにやれることは、やはり上手な人と一緒に走ることです。ブレーキングのタイミングやラインどりなど、学ぶことは少なくないはずです。

まとめ ホビーレースなら、コーナーでリスクを負う必要はない

下りは「安全＝速さ」

ホビーレーサーとしては下りが速いほうの僕ですが、プロのレースに出るとそうは感じません。**下りは、プロとホビーレーサーとの差が大きいシチュエーションです**。

下りのスキルの重要性はあまり語られませんが、レースで勝つためにはとても重要なスキルでもあります。重力によって加速できる下りは、ラインどりやブレーキングが上手なら脚を使わずにライバルに差をつけることができるからです。

「下りを速く」というと危険なイメージがありますが、そんなことはありません。**速く走ることと安全に走ることは、ここでもイコールなのです**。安全を重視しても速く下れますし、速く下るということは安全に下るということでもあります。

ではどうすれば速く下れるかですが、前述のように、コーナーリングとブレーキングで基本をしっかりと守ることが唯一の秘訣です。

下りはコーナーリングとブレーキングの連続ですから、**当たり前のことを当たり前に積み重ねるだけで、ホビーレースならかなり優位に立てるでしょう**。言い換えると、下りは基本の積み重ねが速さになるシチュエーションとも言えます。コーナーのギリギリを攻めるようなアクロバティックな真似は不要です。

まとめ　基本を守ることが速さにつながるのが下り

恐怖心が危険を生む

しかし、当たり前に走ればいいはずの下りが遅かったり、不必要に冒険して落車してしまうホビーレーサーが少なくないのは、**スピードに慣れていないため恐怖心が先に立ち、基本がおろそかになってしまうからではないでしょうか**。

ツール・ド・おきなわの下りはイージーなので、スピードは時速80㎞／hを超すこともあります。このくらいのスピードになるとちょっとしたコーナーでもかなりの遠心力が働くので、怖くなるのも無理はありません。

ホビーレーサーにはこの速度域に慣れていない人が多いので、恐怖で不必要に体が硬くなったり、無駄なブレーキをかけてしまったりするのかもしれません。**すると自然なコーナーリングができなくなるのでかえって危険な走りになり、余計に怖くなる、**という悪循環が発生します。

しかし、落ち着いて考えてみましょう。

ヨーロッパのプロレースの下りでは、時速１００km／hを超すことさえあります。ということは、皆さんが乗っているロードバイクという乗り物は時速70km／hや時速80km／hでも問題なく制動できるように設計されているということです。基本さえきっちりと守れていれば、転ぶことはありません。

恐怖心をなくすためには、レースに多く出てハイスピードを経験し、「このくらいのスピードでもロードバイクはきちんと走るんだな」ということを実感することです。そのためには、日ごろの練習からコーナーリングとブレーキングの基本を徹底し、体に叩き込むことです。
もちろん、バイクをしっかりと整備しておくことが前提であることは言うまでもありません。このような速度域で走れる乗り物である事実を念頭に置き、日常的なメンテナンスを習慣づけてください
下りに秘訣はありません。いや、基本を積み重ねることこそが秘訣、というべきでしょうか。

まとめ 下りのスピードに慣れていないことが恐怖心を生み、かえって危険をもたらす

落車の原因を作らない

ホビーレーサーを見ていて感じるのは、**他の選手との接触や、他の選手が近づいてくることを極端に恐れる人が多い**ということです。

もちろん接触は落車の原因になるので、避けるに越したことはありません。しかし、あまりびくびくしていると落車の原因を作ることになりかねません。

密集した集団で走っているとしましょう。

このとき、右隣の人が急に近づいてきたらどうしますか?

びっくりして、反射的に左側に動く人が多いと思います。しかしこの反応はむしろ危険です。

あなたが左側に大きく移動すると、左側の人はあなたを避けるためにさらに大きく移動しなければいけません。この動きは増幅されながら連鎖するので、左端にいる人はコース外に押し出されて落車してしまいます。

とくにコーナーでアウト側に膨らむ人は多いのですが、イン側に位置する人が少し膨らんだからといって過敏な反応をすると、簡単にコースアウトをしてしまい、危険です。極力ラインを維持するようにしましょう。

そもそも、接触を過剰に恐れる必要はありません。プロのレースでは、ライダーの肩どうしが触れるのはよくあることです。スプリントなどでも、あえて肩をぶつけてバランスをとることさえあります。

肩がぶつかっても反対側に軽く押し返せばまったく問題ないのですが、一人でトレーニングをしていたりローラー台ばかりに乗っていると、他人と接触する機会がないため、接触した場合の対応を学ぶ機会が生まれません。接触を過剰に避けようとしたり、ちょっと触れただけでパニックになってバランスを崩したりする人が目立ちます。

よく「隣のバイクが近づいてきたので避けきれず落車した」というようなことを言う人がいますが、半分は押し返せなかった本人の責任です。よしんば避けられたとしても、急な動きによってほかの人が落車するかもしれません。

ですから、急に接近されても、あわてずにラインを守りましょう。もしぶつかっても軽く押し返せば転ぶことはありません。

密集した集団の距離感に慣れることと軽い接触を経験することは、ローラー台では不可能です。仲間とのトレーニングやレースの経験を積むべきです。

まとめ　接触を過剰に恐れる必要はない。落ち着いて押し返せばＯＫ

低いパワーで速く走る

パワーメーターの普及によって、ホビーレーサーでもパワーを測れるようになりました。

しかし見落とされがちなのは、実際のレースの勝負は、多かれ少なかれ消耗した状態で戦われる点です。消耗していない「サラ脚」の状態なら1200Wでスプリントできる人でも、ゴールスプリントの時点で700Wのパワーしか出せなければ、その人は「700Wの人」でしかありません。

僕は、FTPでも、ヒルクライムのパワーウェイトレシオでも、スプリントのパワーでも、**まったくホビーレーサーのナンバーワンではありません**。僕よりもパワーが大きいホビーレーサーはいくらでもいます。

ですが逆に、「パワーの小ささ」については、僕はある程度の自信を持っています。どういうことかというと、周囲のレーサーよりも低いパワーで走れているということです。

たとえば、クリテリウムの後にチームメイトと僕のパワーデータを見比べることがありますが、データを見てまず感じるのは、僕のパワーが低いことです。チームメイトは、コーナーからの立ち上がりのたびに800Wや900Wという高出力でペダルを踏んでいます。しかし僕の立ち上がりの出力は、せいぜい600Wくらいしかありません。ゴールスプリントの出力が、ようやく900Wを超えるかどうかといったところでしょうか。

クリテリウムが得意ではない僕ですが、このくらいの出力で勝てたこともあります。しかしチームメイトは勝てていません。**つまり、僕はパワーによって成績を出しているわけではないのです**。

話をわかりやすくするためにクリテリウムの例を出しましたが、おきなわなどのロードレースでも同じです。僕のパワーは周囲のレーサーよりも低いはずです。

それでも勝てているのは、**ロードレースがパワー勝負ではない**からです。

誤解がないように付け加えますが、パワーを大きくすることは大切です。パワーが大きくて困ることはなにもありません。

しかしパワーの増大には限界があります。ならば、パワーを出すことではなく、消耗を防ぐほうに注力すれば優位に立てるはずです。

だから僕は、ロードレースを「小さな積み重ねで消耗を防ぐ競技」と定義しているのです。

まとめ　パワーを出すことと同じくらい消耗を防ぐことは大事

プロとホビーレーサーを隔てるもの

プロとホビーレーサーの差の一つは、よく知られているように、フィジカルの違いです。個人差はありますが、どのプロ選手もFTPならば体重の5倍程度は超えているでしょう。FTP以外の1分や5分のパワーでも一定の水準は満たしていると思われます。

しかし、5倍を超えるFTPだけがプロを特徴づけるものだとはとても言えません。

たとえば近年のホビーヒルクライムレースはレベルが上がっており、乗鞍ヒルクライムで優勝争いをするホビーレーサーなら5倍を超えるFTPを持っているのが当たり前になっています。

ですが、5倍以上のFTPを誇るホビークライマーのうち、プロのクリテリウムやロードレースを完走できる人はごくわずかでしょう。フィジカルはあっても走行スキルが足りていないためです。

レースではフィジカルに加え走行スキルも問われるため、**プロ選手には一定の走行スキルが備わっています。**

パワーメーターの普及により、ホビークライマーたちのように、アマチュアでもプロ並みのフィジカルを持つ人は珍しくなくなりました。ですが、パワーのように計測できないスキルについては、プロとアマチュアの差は大きいように感じます。

低いパワーで速く走るのは、質の高い走りと言えるでしょう。スキルは質のいい走りには欠かせないものです。

まとめ　スキルは計測が難しいが、プロとホビーレーサーとの差が大きい分野

速さは走行スキルによって変わる

自動車に例えてみましょう。

ＦＴＰやスプリントのパワーは、いわばエンジンのスペックです。エンジンのパワーが大きいほど自動車は速く走れます。

しかし、エンジンのスペックだけ見ればレースの結果が分かるかというと、あきらかに違います。エンジンも大切ですが、**成績を大きく左右するのはドライバーのドライビングテクニックでしょう。**

同じ自動車で同じコースを走ったとしても、熟練の名ドライバーが運転した場合とそうでない場合とでは、タイムは大きく変わるはずです。

ロードバイクにも同じことが言えます。パワーや体重が同じでも、どれだけ速く走れるかは、走行スキルによって大きく変わります。

とくにロードバイクのエンジンである人間は、機械よりも出力が小さく、**ちょっとしたことで「脚を削られ」パワーが低下してしまう、繊細なエンジンです。**スキルは自動車レース以上に重要になるでしょう。

まとめ **条件が同じでも、走行スキルによって速さは大きく変わる**

スキル不足は積み重なる

一つひとつのスキルの影響は、それほど大きくありません。この章の冒頭で触れた上りのこなし方やコーナーリングのスキルは走行スキルの代表例ですが、一回コーナーリングのラインが乱れたからといってレースを失うことはまずないでしょう（落車すれば別ですが）。

しかし、**スキルの差は積み重なり、レース全体で見ると大きな違いを生みます。**たとえば、初心者ほどコーナーからの立ち上がりで必要以上に踏んでしまうことが多いようです。上手なレーサーが立ち上がりの加速を400Wや500Wに抑えるのに対し、600Wや700Wものパワーで踏んでしまうということです。

もっとも、一回くらい多少強めに踏んだとしても特に問題はありません。700W出したからといって、一気に失速する人はいません。

ですが、普通のレースではコーナーが数百回は登場します。**一回一回の消耗は無視できるほどに小さくても、それが数百回も続けば大きな差になるはずです。**ゴールにたどり着くころには、コーナーが苦手な選手は消耗しきっているでしょう。

このように、スキル不足は積み重なることでダメージを与えます。

一回一回のスキルの差の影響は小さいのでその重大さが見えにくいのですが、強い選手ほど小さな積み重ねを大事にしますから、レースが勝負所に差し掛かるころには大きな差となって現れるに違いありません。パワーは低いはずなのになぜか強い選手がいたら、おそらく走行スキルの水準が高いのでしょう。

ロードレースは、小さなことの積み重ねが決定的な差を生む競技です。速さは細部に宿ることを忘れてはなりません。

まとめ　一つひとつのスキルの差の影響は小さいが、差は累積して大きな違いになる

協力することで速くなる

もう一つ、走行スキルに関連して強調しておきたいのは、**ロードバイクは他のライダーと協力しあって速く走ることが醍醐味の乗り物である**、という点です。これは速く走るためにも、また安全のためにも極めて重要なことですが、見落とされがちです。

ロードレースはマラソンではありません。マラソンでは自分だけに意識を集中して走ることができますが、ロードレースでは他の選手と協力することで互いにメリットを生むことができます。

代表的な例がドラフティングです。仮に2人の選手がいたとして、それぞれが単独で走るよりも、2人で協力し合い、先頭交代をしながら走ったほうが速く走れるでしょう。

当たり前だ、と思われるかもしれませんが、見知らぬ選手とスムーズに協力することは簡単ではありません。特に、パワーばかりに注目してトレーニングをしていると、他人と協力するスキルは伸びにくいでしょう。

しかしロードレースのプロトン（走行集団）は、いわば運命共同体なのです。あなたの隣の選手はライバルではありますが、手を結ぶことによって互いに利益を生むことも可能です。

敵を味方にすることで戦いを有利に進める複雑なゲーム性は、ロードレースの楽しみでもあります。

では、このことを踏まえ、レースの流れに即して走行スキルを解説していきましょう。

まとめ　ライバルであっても協力することで互いに速く走ることができる

速い人は前に並ぶ

レースがスタートする前、スタートラインに並ぶ時点からレースははじまっています。**もし脚力とスキルに自信があるならば、前方に並ぶべきです**。集団の前方でレースを展開することは、次に述べるように脚を温存することにもつながりますし、安全でもあります。

ですが、だからといって脚力とスキルに自信がない人までもが前に並ぶのはお勧めできません。

遅い人が前のほうに並ぶと、レーススタート後に抜かれることになります。抜く側にとっても抜かれる側にとっても負担ですし、危険です。本人にも周囲にもデメリットが大きいのです。

したがって、実力に自信がある人だけが前に並ぶのが、本人にとっても周囲にとってもベストでしょう。なお、ここでいう「実力」がパワーだけを意味していないことは言うまでもありません。走行スキルも実力のうちです。

このように自信があるなら前に並び、集団前方でレースを展開すればいいのですが、自信がない方はどうすべきでしょうか？　集団の真ん中に位置すべきでしょうか？

集団内での位置を単純化して、前・中・後ろの3つに分けて考えてみましょう。

集団前方は風を受けますが、自分のリズムで走りやすいというメリットもあります。また、自分の前で発生した落車に巻き込まれるリスクもありません。

いっぽう、集団中ほどは風を受けないので小さいパワーで走れますが、**前後左右に他のレーサーがいるため、加減速やラインどりを周囲に合わせなければいけません**。また、自動車の渋滞と同じ原理でコーナー突入前の減速が集団後方ほど激しくなるため、コーナーからの加速でインターバルがかかり、脚を使わされます。

さらに前方で発生した落車や中切れの影響を受けやすいのも集団内で走るデメリットです。集団内に埋もれることは、意外と楽ではありません。

集団の中に埋もれるより、集団後方のほうが楽なケースも多い

では集団後方はどうでしょうか。

後方に位置すると、他のほとんどのレーサーが自分の前方にいることになりますから、落車や中切れのリスクは大きくなります。

しかし、自分の後ろにほぼレーサーがいないので、意外と自分のリズムで走りやすいのも事実です。コーナーでのインターバルも、集団真ん中よりも楽なはずです。また、前方を見渡しやすいので、もし落車や中切れが発生しても対処しやすいでしょう。

このように、**実は集団最後方は悪い位置ではありません**。プロのレースでも、新城幸也選手のように好んで最後尾を走る選手を見かけます。前に上がるタイミングを見極める眼力と集団内で素早く位置を上げるスキルがあれば、最後尾も悪くありません。

よって、**前方に位置する自信がなければ、あえて後方を走るのもいいでしょう**。中途半端に集団の真ん中を走るのは疲れる上に危険です。

とはいえ、集団前方がベストな位置であることは間違いありません。選手間のレベル差が大きいホビーレースではプロのレースよりも中切れのリスクが高いので、なおさらです。トレーニングを積み、前方で走れるだけの脚力とスキルを身に付けたいものです。

まとめ　実力があれば集団前方がベストだが、自信がなければ後方でもよい

位置を上げるのはサイドから

さて、レースがはじまりました。

スタート位置について述べましたが、レースの最初から自分が走りたい理想の位置にいられるレーサーはそうは多くないでしょう。レース開始直後から位置を上げる必要が出てくるはずです。集団内をスムーズに移動するテクニックが求められます。

移動の基本は、「両サイドから上がる」ことです。

位置を上げるときは、スペースが空きやすい両サイドから上がってください。集団内を突き進むのは危険です。

それに、ある程度大きな集団の両サイドには、おのずから前方に向かう選手たちの流れができます。いっぽう集団中央には、前方に上がった選手たちが後ろに押し下げられる流れができますから、集団全体に、**水の対流のような流れが生じます。**この流れに逆らうと落車を引き起こしかねません。

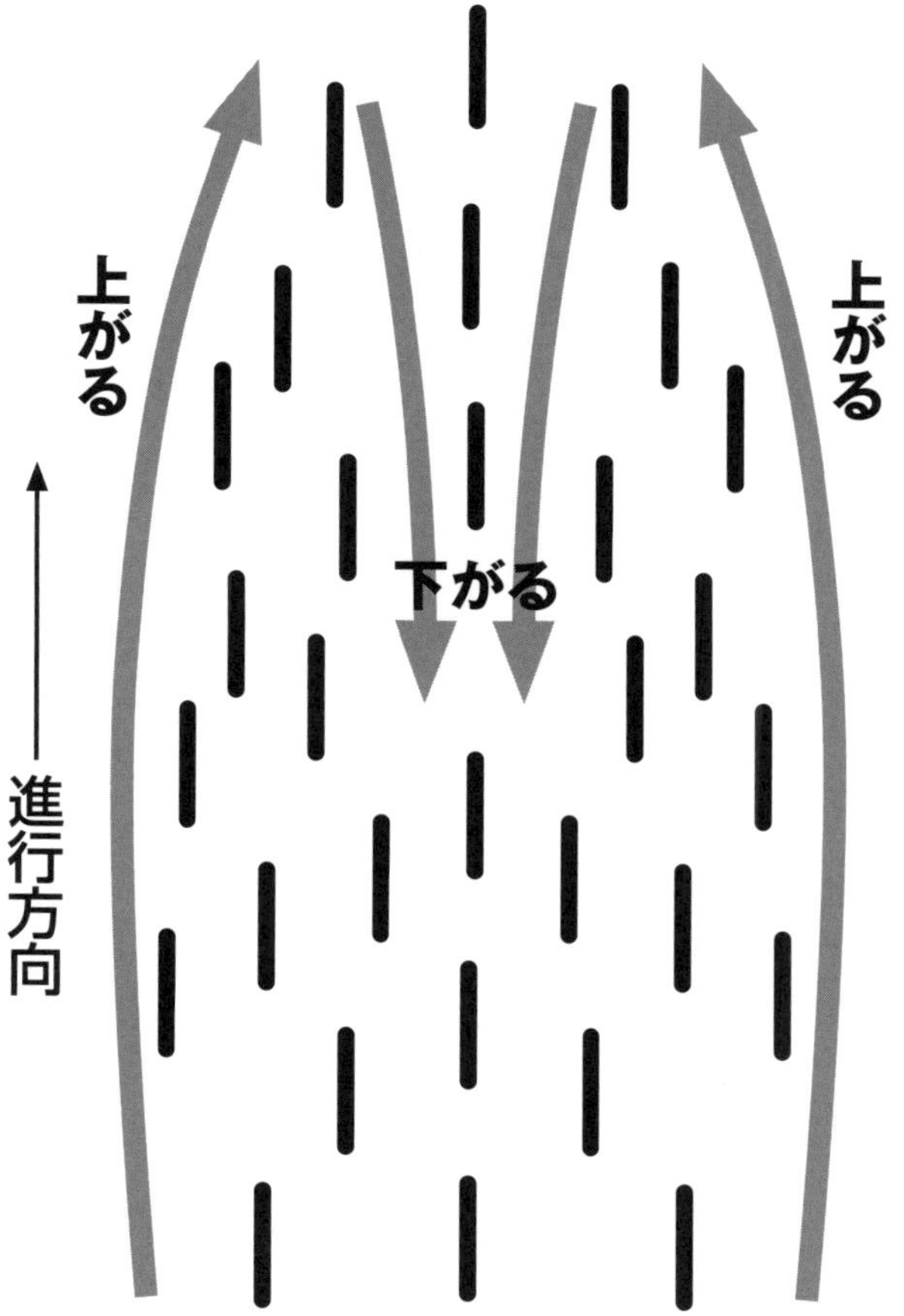

集団の中には、水の「対流」のような流れができる

「対流」のようなわかりやすい流れがなくてもあわてる必要はありません。

レースにはリズムがあり、慌ただしく動くことがあれば、動きが止まる時間帯もあります。焦って前に上がろうとして落車を引き起こす人もいますが、**「レースが落ち着いてから前に出よう」**とどっしり構えていれば、たいていは問題ありません。

とくに周回レースの場合は、必ずどこかに位置を上げやすい場所があるものです。そんな場所なら脚を使わず、簡単に位置を上げることができますから、周囲をよく観察しておきましょう。

なお、僕はJプロツアーや全日本選手権などプロを中心としたレースで位置を上げたいときは、スペースを見つけたらどんどん入っていきます。みな密集して走ることに慣れていますから、すき間にバイクをねじ込んでも驚かれることはないためです。

しかし初心者ほど「パーソナルスペース」が広く、自分のそばに他人のバイクが来ることに慣れていません。ですから、ホビーレースで他の選手の近くに移動するときは「右(左)に入りますよ」などと一声かけるようにしています。

まとめ **集団には流れができる。また、落ち着く時間帯や動きやすいタイミングなら位置を上げやすい**

レベルが高い集団にチャレンジしてみる

レースがはじまって少し経つと、脚力に応じた小集団がいくつも形成されます。上級者の集団ほど速いでしょう。

実力よりも速すぎる集団ではついていけなくなってしまうため、自分のレベルに合った集団に入るのが原則ですが、注意しなければいけないのは**遅い集団ほど楽とは限らない**点です。

遅い集団ほどスキルがない人が多いため、ローテーション（先頭交代）が綺麗に行われません。**すると、不必要な加減速が生じ、脚を使うことになります**。もちろん落車のリスクも高まるでしょう。

レベルが高い集団は、スピードは速いのですがローテーションも滑らかなので、意外と楽に走れるものです。したがって、気後れせずにある程度レベルが高い集団に混じる勇気も必要です。

集団が速いと成績が期待できることは言うまでもありませんが、落車リスクが低いため安全ですし、他の選手から学べることも多いはずです。

ただし、次に述べるローテーションの能力を身に付けていることが最低限の条件です。ローテーションがおぼつかないようでは、迷惑をかけることになりかねません。

まとめ 上級者の集団は速いが、ローテーションも滑らかなので楽でもある

ローテーションは「前に出る」のではなく「前が下がる」

ローテーションはロードレースには必要不可欠なのですが、スキルを身に付けている人

がとても少ないのも事実です。ローテーションを綺麗に回せると、「協力して互いの成績を上げる」というロードレースの醍醐味をたっぷり味わうことができるため、必ず身に付けるべきです。

まずは基本的なことですが、先頭を交代する際には**「2番手の人が先頭に出る」のではなく「先頭を牽いていた人がわずかに減速して後ろに下がる」**ということを忘れないでください。2番手の人が前に出るということはスピードを上げるということなので、一定のスピードが維持できません。

慣れていない人がローテーションをすると、どんどんスピードが上がって集団が崩壊してしまうことが多いのですが、先頭交代の方法が間違っているのも理由です。**先頭に出るとき**

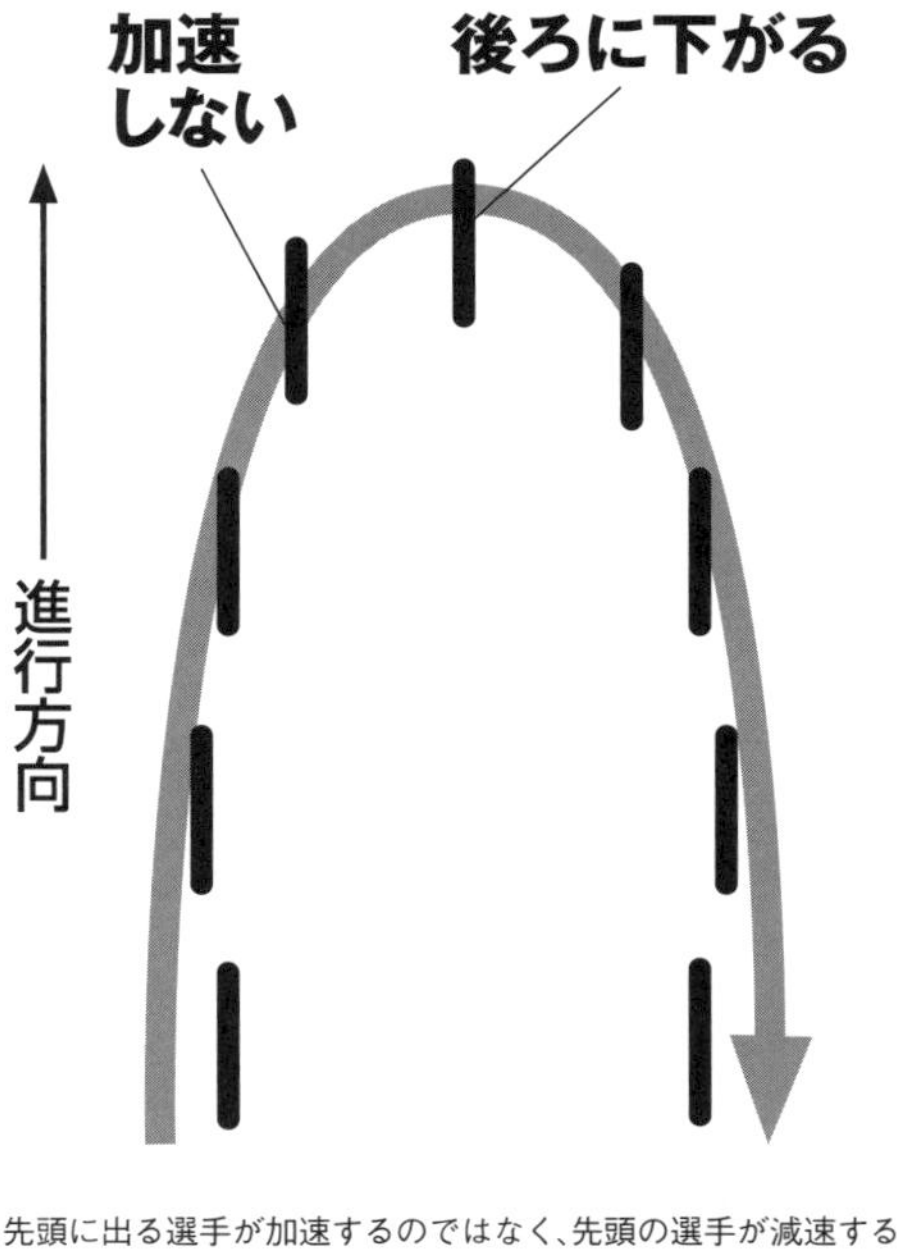

先頭に出る選手が加速するのではなく、先頭の選手が減速する

は、速度を維持するように注意してください。

また、ありがちな失敗は、興奮のせいか先頭に出た選手がつい踏んでしまい、ペースを上げてしまうことです。こうなるとついていけない人が脱落して集団が崩れ、結局、全員が遅れることになります。

協調することで全員が利益を享受できるのがロードレースです。多少ペースを落としても強調し、負担を分担して走ったほうが全体としては速くなるでしょう。

まとめ 先頭に出るときは加速せず、先頭のライダーが減速する

下がるときにも脚を貯める

ローテーションには細かいポイントがいくつもあります。

先頭を牽き終えた人が速度を緩めて後ろに下がるときは、トレインからあまり離れすぎ

ないようにしてください。１、２ｍも横にずれてから下がる人をよく見かけますが、トレインに近づけば、少しですがドラフティング効果が得られます。僕はトレインの脇、せいぜい40㎝くらいの位置を下がっていくことにしています。

また、後ろに下がる際に減速しすぎて、最後尾につくために踏み直さなければいけなくなる人もよく見ます。減速は最小限に留めましょう。

自分より強い選手たちの集団に入った人が、無理にペースを合わせて先頭を牽いた結果脚を失い、すぐにいなくなってしまうケースもよく見受けます。「周囲と同じくらいがんばらなければ」という気持ちはわかりますが、**脚力の違いに引け目を感じる必要はありません**。脚力がないなら、牽く時間を短くすればいいだけの話です。あっというまに千切れて集団の人数が減ってしまうほうが迷惑です。

ロードバイクの魅力は、先頭を牽く時間を調整すれば脚力に差がある人同士でもローテーションを行うことができ、互いに単独で走るよりも速く走れることです。「協調することは互いの利益である」という原則を忘れないでください。

まとめ▶ 脚力に応じて先頭を牽く時間を調整する

先頭を牽くことを恐れない

初心者ほどローテーションでは頑張りすぎて脚を削ってしまう人が多いのですが、逆に、ずっと他の選手のスリップストリームから出ない「着き位置」でいる人も見かけます。

脚力がないため先頭に出て消耗することを防いでいるのだと思いますが、率直にいってもったいないのではないでしょうか。

他の人とローテーションを回す経験は、レースや仲間との練習でしか得られません。ローテーションという重要なテクニックを上達させる貴重な機会なのですから、先頭交代には加わるべきです。

それに、先頭交代に加わっても想像されているほどの消耗はありません。不安定な集団で着き位置をキープするのは意外と疲れる上、落車リスクもあるので、スムーズにローテーションを回せたほうが楽な場合すらあります。

もし脚力に自信がないなら、先頭に出る時間を短くすればよいのです。着き位置では、レースに出る意味がかなり失われてしまいます。

まとめ　せっかくレースに出るなら先頭交代を経験する。着き位置ではレースに出る意味がない

上りでは踏みすぎない

どんなレースでも、コースには上りが含まれることが多いと思います。

上りはテクニックの差が出やすいシチュエーションです。フィジカルの差だけではなく、テクニックの差が出やすいのです。

初心者ほど上りでは無理をし、脚を使った状態でその後の下りや平坦に入ってしまう傾向がありますが、プロは逆です。状況にもよりますが、上りでは抑え、下りと平坦で踏むのが基本です。

というのも、**下りや平坦で位置を上げるのは非常に簡単だからです**。上りで遅れ、集団から千切れてしまったら問題ですが、集団内にいる状態で下りに入れれば、その後いくらでも位置を上げられます。

ということは、先頭付近で上りに突入し、上りの最中はペースを落として徐々に位置を下げ、下りで再び前に出る、という走り方も可能だということです。この方法だと、周囲よりも遅いペースで上りをこなしても遅れをとらずに済みます。

ある国内の強豪プロレーサーは、上りに入るとメカトラブルでも起きたのではないかと思うくらいゆっくりと上るのが特徴でした。強い選手なので、勝負所では圧倒的な力を見せるのですが、上りはとにかくゆっくり。実にメリハリのある走りでした。

ただ、空気抵抗との戦いであるタイムトライアル（ＴＴ）の場合は、上りのこなしかたが少し違うようです。

空気抵抗はスピードの二乗に比例しますから、スピードが上がれば上がるほど空気抵抗によって無駄になるパワーが増えます。言い換えると、**パワーをスピードに変換する効率**

が悪化します。

このことを踏まえると、スピードが出る下りで踏むのは非効率的で、低速の上りで踏んだほうが無駄が少ないということになります。実際、そのように走っているプロもいると聞きました。

ただ、周囲に人がいるロードレースでは当てはめにくい理論でしょう。いずれにせよ重要なのは、どうすれば無駄なく走れるのかを考えることです。

まとめ　上りでは無理をせず、下りと平坦で位置を上げる

ホビーレースとプロのレースは展開が違う

プロのレース、特に数日間にわたる「ステージレース」では、序盤にアシストが逃げ、逃げとのタイム差が開いたらメイン集団は落ち着き、レース後半にペースアップ……というふうに組織的にレースが展開されます。

しかし、ホビーレースでは組織的に動けるチームが少ないため、展開はかなり異なります。**プロのレースをイメージしてホビーレースを走ってしまうと重要な動きを見逃す恐れがあります。**

ホビーレースではレースが進むにつれて徐々に大集団が人数を減らし、残った人だけで勝負をする、というパターンが多いようです。プロのレースのようなアタックはあまり見られません。もちろんツール・ド・おきなわなどでも序盤に逃げはできますが、プロのレースのようなタイム差は開かず、早々に吸収されます。

したがって、ホビーレースで勝ちを狙うならば前方に位置することが原則です。レースの序盤に有力選手勢による「勝ち逃げ」が形成される場合もあるので、最低でも先頭が見える位置にはいたほうがよいでしょう。

脚力に自信がないため速い選手が多い前方に位置することをためらう人がいるかもしれませんが、先頭付近にいる選手たちは高いパワーによって前方をキープしているとは限りません。**意外とパワーは低いものです。**

ここ数年の僕のツール・ド・おきなわのデータを確認すると、およそ70㎞地点にある最初の普久川ダムの上りまでの出力は、アベレージパワーにして160W〜170Wしかありません。ペースの上げ下げを考慮したNP（Normalized Power）でも、190W〜200Wです。

つまり、フィジカル的には、200Wを維持できる力さえあればツール・ド・おきなわの序盤で先頭集団にいられることになります（余談ですが、このセクションでのNPが2016年202W→2017年196W→2018年192Wと下がり続けているのは興味深い現象です。機材や走行テクニックが改善していることの現れかもしれません）。

しかし、それはパワー上だけの話です。低いパワーでも先頭付近に留まるためには、いろいろな走行テクニックが必要です。

まとめ　ホビーレースとプロのレースは展開が違う。前方に位置するのが原則

ペースの上げ下げに同調しない

脚を使わずに走る大原則は、ペースの上げ下げを極力抑えることです。

今述べたおきなわの序盤でも、先頭集団のスピードは時速35㎞／h～45㎞／h程度の範囲で変化します。しかし、だからといって周囲と同じようにペースを上げたり下げたりしては脚を使ってしまいます。

ですから、集団内にいても**周りに同調する必要はありません**。可能な限り、一定ペースを守るようにしてください。

周囲がペースを上げたからといって同じようにダッシュするのは無駄です。集団内にいる限りは位置を上げられるのですから、多少抜かれても問題はありません。脚を使わないように、じわっと加速してください。

逆に周囲が減速しても、同じようにブレーキをかけるのはもったいない話です。そんな時はラインを変えて少し前に出れば、減速を最小限に抑えられます。

周囲が時速35㎞／h～45㎞／hの範囲でペースを上げ下げしているとしても、このテクニックを使えば、たとえば速度の変化を時速38㎞／h～42㎞／hに抑えられるかもしれません。

こういうちょっとした違いが、レースの終盤には大きな差になります。レースの序盤だからといって油断せず、脚を貯めながら走ってください。

まとめ **周囲のペースの上げ下げに同調せず、少しずつ脚を貯める**

ホビーレースのアタックは劇的である必要はない

このように、脚を守るためにできるだけ一定ペースで走っていると、集団のペースが緩んだタイミングで不意に飛び出してしまうことがあるはずです。

ケースにもよりますが、これはチャンスです。**ホビーレースでのアタックは、こういう**

不意のタイミングで決まることが多いからです。

アタックというと、ヨーロッパのプロのレースのように勝負所で一気に加速し、周囲を置き去りにする走りを想像されるかもしれません。**しかしホビーレースで勝負が決まる瞬間は、そんな劇的なものではない場合が大半です。**「なんとなく」離れた距離がそのまま広がり……というパターンが多いのです。

もしヨーロッパプロのレースを参考にするなら、ステージレースではなく1日で終わるワンデーレースのほうがいいでしょう。

ワンデーレースでアタックが決まる瞬間は、もちろん劇的である場合も多いですが、意外とあっけなく見えることも少なくありません。何でもないように見える平地でするすると抜け出した選手がそのままゴールまで独走するようなケースです。

日本のホビーレーサーにとっては、このようなアタックとは呼べないようなアタックのほうが勉強になります。

海外のワンデーレースで、今言ったようなあっけないアタックが決まるのを見た方は、

「どうして逃してしまうんだろう」と疑問を持たれるかもしれません。はたから見ると、アタックに反応して追いつくのは簡単に見えるからです。

しかし、当事者たちは脚がいっぱいなのでしょう。限界でやりあっている状態では、ちょっとした差も致命的になります。

僕のおきなわでの勝利は、スプリントで決まった2017年以外はすべて独走ですが、いずれもアタックが決まる瞬間はあっけないものでした。

はじめて勝った2007年大会は、6、7人の集団から抜け出して、2位の武井きょうすけさんに1分34秒の差をつけての独走勝利でした。

こういうと余裕の勝利のように見えるかもしれませんが、とんでもないことです。最後、6、7人の集団になったときはほぼ限界で、いつ千切れるかわからないような状態でした。

しかし、**そんな状態でも集団のペースには上げ下げがあります**。一瞬ペースが緩んだ瞬間に僕が少し前に出るとわずかに差が生まれたので、さらに踏み続けました。すると後ろが離れ、結果的に勝負を決めるアタックになったのです。

２位になった２００８年大会も、１１０㎞を残した地点で不意に前に出たのをきっかけに先行した結果、ゴール前まで独走したのでした。僕が抜け出したあとのメイン集団が落車で足止めを食ったのも独走できた原因ですが、ホビーレースのアタックは一見、静かに決まるものなのです。

まとめ **ホビーレースのアタックはプロとは違い、狙っていないタイミングでチャンスが訪れる**

アタックの時点でレースは決まっている

ホビーレースでは、ツール・ド・フランスの山岳コースのような強烈なアタックではなく、するすると抜け出すような地味なアタックが決まることが多いのは、要するに全員が限界に近い状況だからです。もちろん、僕もです。

そんな状態で「ドカン」という強烈なアタックをすると、いったんは差が開くかもしれませんが、間違いなく失速します。ですから、じわっとしたアタックで差を広げるしかありません。

勝負所に一緒にいるということは、フィジカルのレベルは大きくは違わないはずです。しかし勝負所に至るまでの「節約」の積み重ねによっては、たとえばライバルたちが限界の99％で走っている状況で、僕は限界の98％で走れるかもしれません。**このわずか1％の差が、アタックを成功させるのです**。

ツール・ド・おきなわの勝負所に残るような選手は、だいたいは僕以上のフィジカルを持っています。井上亮さんや松木健治さんのブログを見ると、僕には真似できないような大きなパワーを練習で出しています。サラ脚の勝負なら勝つのは難しいでしょう。

しかし勝負所にたどり着くまでには、おきなわの場合なら200km近くも走らなければいけません。その間の節約の積み重ね次第では、パワーの差をひっくり返すことも十分に可能です。

別の見方をすると、アタックをかけるような勝負所にたどり着いた段階で、すでに勝負は決まっていると言っても間違いではないでしょう。**勝負所まで脚を節約できなかった選**

手は、もう負けています。逆に脚を貯めたまま勝負所に行きつくことができれば、勝利は目前です。

勝負は限界に近い状況で、ほんのわずかな差で決まるのです。だから、1Wの節約を笑う者は1Wに泣くことになるでしょう。

まとめ アタックの成功・不成功はわずかな脚の節約の差で決まる

1秒の粘りが勝敗を分ける

勝負所は苦しいものです。

僕は今までのおきなわを独走で勝ったため余裕があったように誤解されがちですが、実際はぎりぎりでした。勝つたびにいつも思うのですが、おきなわの参加者の中で、僕が一番苦しんだのではないかと感じるほどです。

しかし、きつい場面では「ライバルも同じくらい苦しいはず」と考えて耐えるようにしています。

ロードレースの特徴に、苦しさに緩急があることが挙げられます。

理由の一つはペースが変化することです。今が苦しくても、少しだけ我慢すればペースが落ちて楽になるかもしれません。だから耐えましょう。

もう一つの理由は、フィジカル的な苦しさにも波があることです。同じパワーで走っていても、なぜか楽な場面と苦しい場面があります。おそらく、スピードや勾配、路面状況などが自分に合っているかどうかの違いではないでしょうか。

今の上りが千切れそうなほど苦しくても、死ぬ気で食らいつくべきです。**次の上りではふっと楽になるかもしれません。**

プロのレースで、一度遅れた選手がじわじわと距離を詰め、ついには他の選手を置き去りにして勝利するのを見たことがありませんか？　全員が限界で走っている状態では、1%、いや0・1%の微妙なコンディションの変化が勝敗を分けるのです。

だから、諦めてはなりません。

千切れそうでも、もう1秒だけ我慢してみてください。1秒後にはふっと楽になるかもしれません。もしそうならなかったら、さらに1秒我慢。

ギアを変え、フォームを変え……できることはなんでもやって凌いでください。

とくに平地のレースでは、ライバルがペースアップをしても、スリップストリームに入りさえすればついていける場合がほとんどです。しかし車間が空いて風を受けると、スピードを維持するために必要なパワーが急激に増し、千切れてしまうでしょう。離れたらそのレースは終わりです。

ですから、限界の状況で距離を詰めるのは非常に苦しいものですが、諦めずにもうひと踏みしてライバルへの距離を詰めましょう。スリップストリームに入りさえすれば楽になるのです。「もう無理だ」と感じる場面でさらに数秒の我慢を積み重ねられるかが勝敗の分かれ目です。

ロードレースは苦しくなってからが本番です。限界が近づいてきたら、「**ようやくレースがはじまった**」と喜ぶくらいの気持ちでいてください。

苦しさを楽しめるのはこの競技の勝者の条件です。

まとめ　苦しさには波がある。耐えていればふと楽になる可能性がある

勝負所はどこにある？

レースでもっとも難しいのは、勝負所を見極めることかもしれません。どのレースにも勝負所があります。わかりやすいのはツール・ド・フランスなどヨーロッパのステージレースで、たとえば後半の山岳ステージで上りゴールだったら、ほぼ確実に勝負所になります。そこで遅れたら敗北を意味します。

勝負所を把握するのが大切なのは、勝負所とそうでない局面では力の使い方が違うためです。

重要ではない局面では脚を節約しながら走らなければいけませんが、勝負所では出し惜しみをしてはいけません。勝負所で遅れたら、そのレースは終わりです。

ところが、**ホビーレースの展開にはプロのレースのようなセオリーがないため、いつ勝負所が現れるかがはっきりしません。**場合によってはレース開始直後の逃げでそのまま逃げ切ってしまうこともありますが、そのようなレースでは、冒頭にいきなり勝負所が現れることになります。

勝負所を見極める方法をお伝えしたいところですが、こればかりは言葉にできないと言わざるを得ません。勝負がかかった動きは「これを逃したらやばい」と直感的に感じ取れるのですが、では僕が何を根拠にそう判断しているのかと言われると、返答に詰まります。

一つ確かなのは、経験を積むしかないということです。**レースが最高のトレーニングと言いますが、その理由は経験を積んで勘を磨けるからでもあります。**

まとめ　ホビーレースは、どこに勝負所があるか読みづらい

ゴール前では身体の声を聴く

いよいよゴールが近づいてきました。レースもクライマックスです。どのように勝利をつかむべきでしょうか？

……と言っておいてなんですが、僕はゴールが近づくほど、考えることを止めて直感を研ぎ澄ますようにしています。今までよい結果が出せたレースでは、例外なく体が勝手に動きました。

僕はレース前に作戦を決めることはありません。**「こうやって勝つ」と決めてしまうと選択肢を狭めてしまうからです。**「スプリント力がないから早がけをする」と決めてしまったら、他の可能性を放棄することになります。

それに、一つのオプションしか持っていない選手は、動きを予想しやすいため他の選手に利用されがちです。早がけをしそうな選手がいたら、他の選手はその選手をスプリントの「発射台」に利用するでしょう。

だから僕は、身体が勝手に動き出すのを待つことにしています。

2017年のツール・ド・おきなわでは、いつも独走で勝っている僕がスプリントで勝ったため驚かれましたが、事前から決めていたわけではありません。「スプリントにしよう」と身体が判断したから、従ったまでです。

独走で勝ったそれ以外の年も、「〇〇km地点から逃げよう」と決めていたのではなく、ふと「いけそうだ」と感じたタイミングで独走に入っただけです。

身体がある動きをするということは、身体に、そうする余裕があるということです。スプリントがいいのではないか、と感じる場合は、スプリントをする脚が残っているのでしょう。

少なくとも僕の場合は、頭よりも身体のほうが賢いようです。ならば、身体の声を聴くほうがいいに決まっています。

さて、レースで質のいい走りをするイメージがつかめたでしょうか？

脚を貯めるテクニックを駆使しつつ、他の選手と一時的に協力して互いを有利にしつつ、勝負所では苦しみを耐えしのぐ。ロードレースは決してパワーばかりを気にする「力比べ」ではありません。もっと複雑で美しいゲームなのです。

まとめ　選択肢を狭めず、さまざまなオプションを持っておく

空力こそすべて

「Aero is everything」（空力こそすべて）。今の僕が乗っているバイクメーカー、スペシャライズドはこう言っています。

たしかに、空力は大切です。平地を高速巡行しているときは、頭を少し下げるだけで速度維持に必要なパワーはぐんと下がります。だから僕はできるだけ下を向いて、上目遣いで走るようにしています。

いいえ、平地だけではありません。短い上りでも、最近は下ハンドルを持って前傾姿勢に

空気抵抗の少ないフォームの追求など、小さな積み重ねが速さに繋がる

なるようにしています。速度が25㎞／hくらいしかなくても、空気抵抗を減らす意味はとても大きいのです。

また、空力と言う観点からは肩甲骨が重要だと思うようになりました。言葉にするのはなかなか難しいのですが、肩甲骨が柔軟なほうが、両肩を結ぶ線に頭が埋もれる深い前傾姿勢を取りやすいと感じるからです。

機材面でも空力は最優先課題です。最近の僕はバイクはエアロロードバイクの筆頭である、スペシャライズドの「Ｖｅｎｇｅ」に乗ることが多いですし、ウェアはもちろんワンピースのエアロスーツです。ヘルメットも空力がよいものを選び、ゼッケンをはためかないように貼ることも忘れてはなりません。

空気抵抗を減らすことは、僕が繰り返し述べてきた「小さな積み重ね」の代表格です。たった1Wの抵抗削減も、10か所で10Wの違いになります。20か所積み重なれば、20W。ここまで差が広がると勝負に決定的な差をもたらすでしょう。

1位と2位との差はわずかですが、その意義には比較にならない差があります。1位以外は全員が敗者、という言葉は、この競技の真実を言い表しています。
ちょっとした努力の積み重ねが決定的な違いを生む。それがロードレースの面白さです。

まとめ　走行スキルや空気抵抗削減など小さな積み重ねが決定的な違いになる

4章　ホビーレーサーとして走る

「ユージ」との出会い

僕がはじめてロードバイクを買ったのは、中学二年生のときでした。

その頃の僕は、神奈川県の秦野に住むバスケットボール好きの少年でした。長距離走ならば学年で一番だったので、有酸素運動には向いていたのかもしれません。

ロードバイクを買ったのは、自転車を乗り換えるタイミングでいいロードバイクを見つけたからです。平塚の「ヒジカタサイクル」の、ＴＡＮＧＥのクロモリチューブ「№２」をシマノの１０５で組んだオリジナルバイク。11万円くらいだったと記憶しています。

ロードバイクを手に入れた僕は神奈川でのサイクリングを楽しむようになったのですが、レースに興味を持ったのは、中学三年生でのある出会いがきっかけでした。

土曜日だったと思いますが、いつものようにサイクリングをしていると、「ユージ」と名乗る年下の少年が話しかけてきました。「一緒に練習しましょう」というのです。

そのころの僕には「練習」という意識はなかったのですが、そのころの神奈川では僕のようにサイクルジャージを着ている少年が珍しかったのでしょう。僕は彼と2時間くらい山を走り、電話番号を交換して別れました。

ユージからはその後も誘いが続き、僕たちは一緒に走るようになりました。どうやらユージはレースに出ており、そのためにトレーニングをしていることもわかってきました。

ある日、ユージが「僕には兄ちゃんがいて、とても自転車が速い」と言います。聞けば、ユージのお兄さんは「アトランタ」という自転車チームにいて、高校卒業後は自転車のプロになるためにカナダに留学する予定だといいます。

その、ユージの兄こそが、あの鈴木真理選手でした。

鈴木真理選手（1974〜）は、2003年・2004年とアジア選手権を二連覇し、2002年には全日本選手権も勝っているプロロードレーサーです。全盛期の強さは今も語り草になっていますから、ご存知の方も多いでしょう。

鈴木真理選手は僕のロードレースの先輩であり、伝説的な選手でもありますが、親しみを込めて普段のように「真理君」と呼びます。

ユージを介して真理君と知り合った僕は、高校生だった真理君と一緒に走るようになります。高校一年生の春には「パナソニックカップ」の高校生の部ではじめてレースに出場し、20番台で完走しました。

それにしても、真理君の強さは圧倒的でした。

後に彼の武器になるスプリントはもちろん、スタミナもインターバル耐性も上りも強い。当時、もし高校生のインターハイがあれば圧勝していたでしょう。なによりも真理君には「プロになる」と決意している者だけが持つ強さがありました。

僕がプロになろうと思わなかったのは、そんな真理君の走りを間近で見ていたからでもあります。真理君は僕に、プロになるのはどういう人間なのかをその走りで教えてくれたのです。

まとめ 現在の鈴木真理選手は、コーチ業を行いつつレースを走っている

公道で周囲を見る習慣を身に付ける

僕と真理君は、相模川の河口そばにかかる湘南大橋に集合して仲間と走ることが多かったのですが、走る場所は公道です。車も走っていれば、信号もある。**そんな場所を走っているうちに、周囲をよく見る習慣が身に付きました。**

たとえば、前方に赤信号が見えたら早めに脚を止めて減速します。しかし、もし交差する道路の青信号が黄色に変わったら前方の赤信号は間もなく青になるはずですから、減速する必要はありません。だから、信号を見る際は目の前の信号だけではなく、横の信号にも注意します。

あるいは路上に停めてある自動車を抜く場合は後ろを振り返って自動車が来てないことを確認してから抜きますし、車道では路肩に寄りすぎず、かといって車道の中央でもない位置をキープしなければいけません。

このように自動車も信号もある公道を走っているうちに、僕は周囲をよく見て、次に何

が起こるのかを予測するようになりました。当然と言えば当然なのですが、今思うと、レースを走る上でも欠かせない能力を知らず知らずのうちに身に付けていたことになります。この能力は屋内トレーニングでは手に入らないでしょう。

まとめ **公道を安全に走ることで周囲を観察するスキルを身に付けることができる**

トレーニングの狙いを定めるセンス

真理君の練習は気分まかせでした。科学的に決められたトレーニングプランにしたがって走るのではなく、「今日は○○の山を走ろう」という感じに目的地だけを決めて気ままに走ります。

しかし真理君はぼんやり走っているのではなく、平地でスピードを上げたり、上りでスプリントをしてみたりと、実にいろいろな走り方をします。厳密に練られたメニューではなく、直感的に「これがやりたい」と感じた走り方をしていたのだと思いますが、後から振り返ると実に充実したトレーニングになっていました。

真理君のような優れたアスリートは「今自分に何が必要なのか」をかぎ分けるセンスが優れているのでしょう。「〇〇Wで××分」とか「獲得標高×××メートル」といった数字の指標を作らなくても、次のレースは上りがきつそうだから山に行く、というふうに、無意識のうちに効果的なトレーニングを行えていたのだと思います。

これは天性の才能と言わざるを得ません。

1章でお伝えしたように、今の僕もパワーメーターやデータ管理アプリを使ってトレーニングをしていますが、すべてをプランニングするのではなく、感覚も大事にしています。真理君と走っているうちに僕も、多少は嗅覚を鍛えられたからでしょうか。

まとめ　自分に必要なものを見分ける能力は才能だが、繰り返しによって身に付けることもできる

フォームは乗り込みで洗練する

真理君と出会い、競技としてのロードレースに興味を持った僕は、自転車雑誌も読み始めます。

そこにはヨーロッパのレースの記事がたくさんありましたが、僕が魅了されたのは、なによりもヨーロッパのトッププロの美しいフォームです。

どうすればヨーロッパプロのように走れるのだろう？　僕はつたないながらも、彼らのフォームを真似て走っていたように思います。

僕は今でもヨーロッパのロードレースを見ることがありますが、フォームに関しては昔の選手のほうが美しかったように思います。これはおそらく、よくある「昔はよかった」式の美化ではないはずです。

というのも、フォームの変化の背景にはトレーニング方法の変化があると思われるからです。昔はパワーメーターもなく、科学的トレーニングという考え方はあまり普及していなかったので、トレーニングと言えばひたすら距離を乗りこむことが中心でした。少なくとも、僕たちはそうでした。

距離を乗っていれば、個人差はありますが、フォームは洗練されるはずです。プロのフォームが美しい第一の理由は、何といってもたくさん自転車に乗っているからでしょう。

昔のプロのフォームが綺麗だった理由はトレーニングが乗り込み中心だったからではないでしょうか。

ところが、今はパワーメーターがあります。「○○Wを××分」などと、決められたメニューをこなすことが強くなる近道です。

その結果、トレーニングは走りこむことよりもパワーを出すことに重点を置くようになりました。

しかし、パワーを出そうとすると、誰でもフォームは乱れるはずです。サドルの前に座り、ハンドルを握りしめ、上体は左右に揺れるでしょう。パワーさえ出ればトレーニングはいちおう成功であり、フォームの美しさは問われないからです。

パワーメーターでパワーは計測できますが、フォームの洗練度合いを測ることはできません。また、距離を乗ることにも価値を見出されなくなりました。その結果、フォームの優先順位が下がったのではないでしょうか。

まとめ　パワーに主眼を置いたトレーニングではフォームの洗練は後回しになる

ママチャリで身に付けたダンシングスキル

僕が進学した高校には自転車部がなかったため、僕はひとりだけで自転車競技部を設立し、ひとりで練習を重ねました。様々な大会に出場するためには学校単位での登録が必要だったのです。当時のインターハイには個人ロードレースはなかったのですが、おかげで高校三年生のとき、国体の神奈川代表に選出されました。しかし国体は、脚がつってしまい途中リタイア。印象に残っているのは国体よりも「国際ロード」のジュニア部門です。

国際ロードは今のツアー・オブ・ジャパンの前身にあたるレースなのですが、当時はその国際ロードには全2日間ジュニア部門があり、高校生も出場できました。

国際ロードのジュニアは、世界戦ジュニアへの選考も兼ねていました。上位2名が世界選に行けるのです。高校生だった僕たちには特別なレースでした。

高校3年生の春、国際ロードに出た僕は富士スピードウェイで行われた一日目のレースで5位に入り、2日目の伊豆・修善寺の日本CSC（サイクルスポーツセンター）のレースで優勝します。

総合成績は、2位。しかし5位・1位だった僕とは別に、1日目と2日目が3位だった選手がおり、彼も同着で2位とされました。そして世界戦に選ばれたのは僕ではなく、彼のほうでした。

この結果が悔しかった僕は、U23（23歳以下）の世界戦には必ず出場してやろうと決心し、大学に進みます。

ところで、高校生の僕は電車通学をしていたのですが、家から駅までは自転車で移動していました。ロードバイクではなく、三段変速のいわゆるママチャリです。

2017年のツール・ド・おきなわでダンシングをする。長いレースでは大きな差につながるスキルだ

ところが、僕の家から駅まではずっと下りになっており、行きは3、4分ほどのダウンヒル（?）で到着するのですが、帰りはひたすら上りです。さっさと家に帰って練習をしたい僕は、この坂を立ち漕ぎで上るようになりました。

ママチャリであろうが、上りは苦しいものです。僕は苦しい時間を短くするためにギアを重くし、ダンシングをしたのです。この習慣は高校3年間の間、ずっと続きました。

今の僕はダンシングを武器にしていますが、その原点はこの高校時代の通学ライドにあったのではないかと思っています。冗談で言っているのではありません。**毎日5**

分の全力でのダンシングを3年間続けたら、誰でも上達するでしょう。

3章で改めて解説したように、僕はダンシングスキルはプロとホビーレーサーを隔てる代表的な要素だと感じています。

ダンシングはレースの成績を左右します。ダンシングのフォームが乱れているプロはまず見ませんが、逆にホビーレーサーでダンシングのフォームが美しい人は多くはありません。この事実も、ダンシングの重要性を物語っています。

ダンシングは複雑な動きなので、「ここをこうする」と一口で解説することは不可能です。しかし、これもまた積み重ねが物を言うのでしょう。少なくとも僕の場合、ママチャリでのダンシングを続けたことが今に繋がっています。

まとめ　ダンシングスキルも繰り返しによって上達する

世界戦への挑戦

1996年、僕は慶應大学に進みましたが、3年生になるまでは自転車競技部に入りませんでした。当時、秦野に合宿所があったNIPPOに入ったからです。ただ、NIPPOは当時から海外と日本の往復に忙しく、NIPPOの一員として走ったレースは東日本実業団だけだったと記憶しています。

僕は大学2年生から、ブリヂストンの監督だった浅田顕さんが立ち上げた「リマサンズ」に移ります。

ブリヂストンの下部チームとして若手育成に力を入れていたリマサンズは、今の若手育成チーム「EQADS」（エカーズ）の前身と言っていいのではないでしょうか。結果を出した選手は、ブリヂストンに上がれることになっていました。ちなみに、そうしてブリヂストンに入った最初の選手が、後に全日本選手権を2回勝つ田代恭崇さん（1974〜）です。

リマサンズに移ってからの僕は練習に打ち込み、かなりの力をつけることができました。

同世代には、強豪校で知られる日大や後に宇都宮ブリッツェンを立ち上げる廣瀬佳正選手、そして世界最高峰チームのサクソバンクに所属することになる宮澤崇史選手がいましたが、僕が得意なレースでは、彼らにも負けない自信がありました。

このころの僕の目標は、高校生で逃した世界選手権です。

しかし、いくら日本の同世代を相手に戦える自信をつけたとはいえ、世界戦は別格です。そこは、将来はツール・ド・フランスなどを狙う世界トップレベルの怪物たちが戦う場所です。自分の力ではなにもできずにレースを降ろされるかもしれない。

僕はそう思い、翌8年の年明けにある決心をします。

その決心とは、大学3年生を休学し、すべての時間を世界戦に費やすことでした。勉強をしながらではとても世界戦を走るだけのトレーニングを積めないと考えたからです。

前に述べたように、僕はプロにならないことは決めていたため、これが世界レベルのレースを走る最後のチャンスです。「練習時間が足りなかった」「もっと本気でやればよかった」と後悔したくなかったのです。

父は、最初は反対しました。

ですが、僕が本気であることを理解してくれたのでしょう、最終的には休学を受け入れてくれました。

こうして、すべてを自転車に費やす1年間がはじまりました。

リマサンズのメンバーは皆、浅田さんが作ったトレーニングメニューを行っていました。

浅田さんからファックスで送られてくるメニューは、「全力で20分走」「全力の9割で20分走×3」といった強度と、時間によって作られていました。週あたりのトレーニング時間は、多くて24時間程度だったと思います。

トレーニングメニューを最初に見た時の印象は「それほどきつくはないな」というものでした。

ところが不思議と、トレーニングを続けるうちに指示された内容をこなせなくなるのです。疲労が溜まったり、体調を崩したり。

浅田さんは後に、「**自分のメニューを完全にこなせた若手は田代（恭崇）だけだ**」と教えてくれましたが、将来プロになって全日本選手権を勝つ選手はやはり違うものです。

浅田さんは物静かな人で、口数も多くはありません。だから僕たち選手は浅田さんが何を考えているのか、考えなければいけませんでした。

そんな浅田さんの元からは、宮澤崇史選手や日本人としてはじめてツール・ド・フランスを完走した別府史之選手（１９８３〜）や新城幸也選手（１９８４〜）など数々の名選手が生まれています。

「日本人でツールを目指す」という目標を掲げていた浅田さんにとっての僕は、僕がプロを目ざしていない以上、本当に育てたい選手ではなかったはずです。それでも浅田さんは名将でした。

こうしてトレーニングを積んだ僕は、全日本選手権U23で3位に入り、世界選手権に行けることになりました。

「世界」が目の前に現れたのです。

まとめ ▶ 大学時代の1年間を自転車に費やし、世界選に備えた

ヨーロッパの壁

1998年の世界戦が行われたのは、オランダのファルケンビュルフ。2012年の世界選の舞台にもなりましたから、覚えている方も多いと思います。ある程度アップダウンがあるパンチャー向きのコースです。

僕は、このレースについては目標は立てませんでした。浅田さんのトレーニングメニューによって強くなったとはいえ、これは世界戦です。**目標を設定しても意味がないレベルのレースである**ことは分かっていました。

「ベストを尽くす」。それだけです。

U23の日本代表は、僕以外には宮澤崇史選手と、日大の学生が2人。U23の上の男子個人ロードレースの代表には、世界最強とも言われたマペイに所属したこともある阿部良之さん（1969〜）もいました。

僕は彼らと一緒にレースの10日ほど前に現地入りします。その後は本番に備えて調整をしたのですが、10月のオランダは日本人の感覚では真冬です。寒さが堪えました。

本番の前には一度、調整を兼ねてベルギーのレースにも出ました。いわゆる「ケルメス」と呼ばれるレースだったと思いますが、3、4㎞の短い周回を100㎞走ります。

国境を越えてレース会場に着いた僕たちは衝撃を受けます。僕らが真冬向きのウェアを着こんでいるのに、向こうの選手たちは半袖のジャージに指切りグローブで、まるで夏の格好をしているのです。人種が違うと思わざるを得ませんでした。

しかし、本当の衝撃はこの後です。

レースがスタートすると、集団は最初の直線で一列棒状になり、スピードは時速60㎞／h近くまで上がります。なんだこれは、と驚く間もなく、僕は1周目で千切れます。

驚いてもいられません。幸いコースは周回なので、少し待てば後ろから先頭集団がやってきます。僕は息を整えてから後ろから迫ってきた集団に飛び乗ります。

しかし、やはりついていくことができません。後ろから来た集団に乗っては千切れ、乗っては千切れを繰り返しているうちにレースは終わりました。日本人で完走できたのは阿部さんだけだったと思います。

休学をしてまでトレーニングに打ち込んだのに、世界戦でもないケルメスで、一周目から千切れてしまう。「本場」ヨーロッパの壁の高さを思い知らされました。

まとめ　「ケルメス」とはヨーロッパで盛んなホビーレースのことを指す

「ダニーロ・ディルーカに気を付けろ」

やがて世界戦U23の当日がやってきました。

僕は先ほどのケルメスを除いて海外のレースを走ったことはありませんでしたが、同世代に極めて強い選手がいることは耳にしていました。イヴァン・バッソ、リナルド・ノチェンティーニ、トル・フスホフト……。

特にイタリアの**ダニーロ・ディルーカという選手には気を付けたほうがいい**、というアドバイスも貰いました。2007年のジロ・デ・イタリアはじめ多くの勝利を挙げつつドーピングで追放されることになる、あのディルーカです。

とはいえ、そんなことを言われても気を付けようがありません。彼らは雲の上の存在です。1周目で千切れてしまい、大学を休学してまで目標にしてきた世界選があっというまに終わるのではないか、という恐怖にさいなまされながら僕はスタートラインに並びました。

ゴールラインを切った瞬間。最後の完走者だった

レースの展開はよく覚えていません。密集した集団の中で凄まじいスピードで走ったことだけが記憶に残っています。完走だけを目標に、死ぬ気で走りました。

集団から千切れたのは、レースの3分の2くらいを消化したころでした。「このままいけば完走できるかもしれない」。そう思い、タイムアウトに怯えながら最後は一人で走り、ゴールしました。

結果は180人中の130位。

僕は完走できた最後の選手でした。優勝はディルーカたちの集団に16秒の差をつけて独走勝利したイヴァン・バッソです。そう、その後ランス・アームストロングのライバルとして台頭し、ジロ・デ・イタリアを2回総合優勝するあのバッソです。

この世界戦は、おそらく死ぬまで忘れることはないでしょう。生涯をホビーレーサーとして走ってきた僕が、唯一、世界のトッププロたちと一緒に走ったレースです。

そして世界選は、「プロ」という存在の大きさを思い知ったレースでもあります。繰り返しになりますが、僕はプロになろうと思ったことは一度もありません。

まとめ▶同世代にはバッソ、ディルーカはじめ2000年代を席捲する選手が多くいた

日本一、引退そして復帰

1999年春、大学への復学に際し、大学の自転車部のOBが声をかけてくれました。慶應大学自転車部は、部員数こそ少なかったものの、実は1902年設立と日本最古の自転車競技部です。OBは少なくありません。

NIPPO、リマサンズと渡り歩いた僕は、3年生にもなって大学の自転車競技部に入るつもりはありませんでした。しかしOBの方々の熱心な勧誘やバックアップもあり、入部を決意します。

プロにならないことを決めていた大学三年生にとって、競技生活は残り2年だけ。僕はこの限られた時間を、まだ達成していない「日本一」のために費やすことを決めました。

当時、大学生が日本一になれるレースは3つありました。一つはもちろんインカレですが、他に「学生個人戦」と「門田杯」も、価値が高いレースとして知られていました。

僕はこの3つのレースをすべて勝つつもりでいましたが、得意な群馬CSCで開かれた学生個人戦は、３人の逃げ集団で余裕をもってレースを展開していたにもかかわらずハンガーノックで失速。雨だった門田杯では落車してしまい、勝てませんでした。しかし日本ＣＳＣを11周するインカレでは、２位に２分ほどの差をつけて勝てました。ようやく、目標だった日本一を達成できたのです。

４年生になった翌年も僕はインカレに出場しますが、寒さでリタイヤ。僕はこのレースを以っていったん自転車から引退します。２０００年のことでした。

大学を出た僕は外資系の金融機関に就職し、自転車にはほとんど乗らなくなりました。プロとしてシマノレーシングに所属していた真理君が、全盛期を迎えつつあったころです。

自転車からすっかり離れ、仕事にも慣れた２００６年、なにかの偶然から、僕はジロ・デ・イタリアを見ていました。

テレビ画面の向こうで総合優勝を果たしたのは、あのイヴァン・バッソ。僕が命からがら完走した世界選を圧勝したバッソでした。

僕が気になったのは、そのときバッソが乗っていたサーベロのロードバイクです。「ひさびさにロードバイクに乗ってみよう」。そう思った僕はすぐにショップに行ってサーベロのバイクを買います。

バイクを持った瞬間、僕はその軽さに驚きます。

僕が自転車から離れていた6年の間に、ロードバイクは急激に進化していたのです。フレーム素材は金属からカーボンに変わり、軽く、しなやかに、そして速くなっていました。

別物になったロードバイクを手にした僕は、再びレースに出てみようと考えます。エントリーしたのは、沖縄県で開催される「ツール・ド・おきなわ」。久々のトレーニングを経て走ったおきなわで、僕は10位に入ります。

そのとき思ったのは、「**次は勝ちたい**」ということ。

こうして、僕は再びレーサーになりました。

まとめ　6年間のブランクののち、ふたたびレースに復帰した

「ホビーレーサーを選んだ」のではない

たまに「なぜホビーレーサーの道を選んだのか」と聞かれます。

しかし、その質問はあまり正確ではありません。**僕はホビーレーサーを選んだのではなく、「プロにならなかった」だけだからです**。プロにならずにレースを走っている僕のことを、ホビーレーサーと呼ぶ人々がいるだけです。

少なくとも日本では、プロとホビーレーサーの区別にそれほどの意味があるとは思えません。

自転車界の多くの人の努力にもかかわらず、残念ながら自転車で食べていけるプロ選手はまだ一握りです。働きながら走っている「プロ選手」は少なくありません。また、Jプロツアーや全日本選手権では、プロ選手とホビーレーサーが一緒に走っています。引退した元プロ選手がホビーレーサーとして走る例も見かけます。

レースには、プロ選手もいれば、ホビーレーサーもいます。仕事が忙しい人も多いでしょうし、子供の世話の合間を縫ってトレーニングをしている人もいるでしょう。バックグラウンドはさまざまです。しかし、レースが終わったときには、たった一人の勝者がいるだけです。

だから、プロであろうとホビーレーサーであろうと、考えることは一緒でしょう。
それは、「もっと強くなりたい」ということです。

まとめ　日本では、ホビーレーサーとプロレーサーとの距離は近い

ロードレースを楽しむ

最近の僕は、ロードレースを楽しめるようになりました。

プロでもないのに変な表現ではありますが、少し前までは、趣味であるロードレースがストレスになることもあったのです。

レース前にはプレッシャーがありましたし、結果が出なかったレースの後にはストレスが残りました。日々のトレーニングでもずっとパワーメーターを使ってきましたが、パワーが出ないとやはりストレスを覚えたものです。

それが、不思議と、近年はストレスがないのです。

パワーの伸びはもうずっと前に止まっていますが、ストレスは感じません。パワーはパワーでしかないのであって、そんな小さなことをいちいち気にかけてもしょうがないと考えるようになったからです。

レースもストレスではありません。うまくいかなかったレースがあっても、そういうこともあると思えるようになりました。さすがに1年間、まったく結果を出せなかったら落ち込むと思いますが、幸い、そういう年はありません。今までの積み重ねがあるのでなんとかなるだろう、と楽観的になれるからです。

逆にもっと追い込むべきなのではないかと思うこともありますが、今までこのようにやってきたのだから大丈夫、という結論になります。余裕のある毎日を送っているということはありませんが、ギリギリまで自分を追い込んでもいません。

ただ、さすがに2018年、ツール・ド・おきなわの直前に事故で落車し、骨折してしまったときには落ち込みました。レースは絶望的です。

しかしあのときも僕は、4連覇が実質的に消えたことを知りつつ、頭のどこかで「なんとかなるだろう」と楽観していたように思います。あきらめたらおしまいです。

残念ながら、2018年のおきなわは「なんとか」なりませんでした。レース後半で落車してしまったこともあり、大きく遅れてしまいました。しかし根本的な原因は僕のコンディションが低く、前を走れていなかったことだと思っています。

レースを楽しめるようになったのは、長くこの競技に付き合ってきたことで、枝葉末節にとらわれず、楽観的に、また大局的に見られるようになったということでしょうか。若いライバルたちも台頭してきていますが、いい刺激になっています。

今の僕は、ロードレースを心から楽しめています。

パワーや峠のタイムなどの数値はたしかに大切です。レースは競争なのですから、順位という数値がすべてです。

しかしこの競技には、数値では表せない複雑な楽しさがあります。速くなるためにも、ロードレースを楽しむためにも、見えにくい面に目を向けてみませんか?

おわりに

本書で、今のトレーニングだけではなく僕の昔話もお伝えしたのは、できるだけ普遍的なトレーニングの本質を解説したかったからです。

今はトレーニング情報があふれている時代ですが、枝葉末節に惑わされず、どんな時代でも変わらない大切なことをお伝えしたいと考えました。上手くいったでしょうか。

中でもとくに重要なことは、もうお分かりいただけたと思いますが、安全です。安全に走ることと速く走ることとは、いつの時代もとても近いのです。落車がレーサーにとって最悪の出来事であることも、ずっと変わらない事実です。

昔から日本の自転車界ではホビーレーサーとプロとの境目があいまいでした。アマチュアとプロとが同じレースを走ることも少なくありません。

プロであれホビーレーサーであれ、速くなるために与えられた条件の下でトレーニングを積み、レースを戦う。これもまた、長年変わらない本質です。

トレーニングとレースを安全に楽しんでください。

高岡亮寛

著者プロフィール

高岡亮寛（たかおか・あきひろ）

1977年生まれ。神奈川県出身。
中学校時代にロードバイクに出会い、大学時代にはインカレ優勝、U23世界選手権完走などを果たす。大学卒業後、外資系金融機関に就職。同時に競技から引退するが、2006年よりホビーレーサーとして競技に復帰。ホビーレースの頂点である「ツール・ド・おきなわ市民210㎞」を過去に５回制している。

企画・編集・構成　佐藤喬
写真提供　綾野真（シクロワイアード）　和田やずか
イラスト　庄司猛
装丁・デザイン・DTP　前田利博（Super Big BOMBER INC.）

最強ホビーレーサー高岡亮寛が教える
ロードバイクトレーニング

2019年8月20日　初版第1刷発行

著　者　高岡亮寛
発行者　穂谷竹俊
発行所　株式会社日東書院本社
〒160-0022　東京都新宿区新宿2丁目15番14号　辰巳ビル
TEL：03-5360-7522（代表）　FAX：03-5360-8951（販売部）
振替：00180-0-705733　URL：http://www.TG-NET.co.jp

印刷所　三共グラフィック株式会社
製本所　株式会社セイコーバインダリー

ISBN 978-4-528-02232-4 C2075
